中国北部之新生界

（瑞典）安特生　著
卢小康　译

文物出版社

图书在版编目（CIP）数据

中国北部之新生界 /（瑞典）安特生著；卢小康译
.—北京：文物出版社，2021.10
（仰韶文化发现暨中国现代考古学诞生 100 周年纪念丛书）
ISBN 978-7-5010-7134-0

Ⅰ.①中… Ⅱ.①安… ②卢… Ⅲ.①仰韶文化-文化遗址-发掘报告 Ⅳ.①K871.135

中国版本图书馆 CIP 数据核字（2021）第 115607 号

中国北部之新生界

著　　者：（瑞典）安特生
译　　者：卢小康

责任编辑：李　睿
封面设计：王文娴
责任印制：王　芳

出版发行：文物出版社
社　　址：北京市东城区东直门内北小街 2 号楼
邮　　编：100007
网　　址：www.wenwu.com
经　　销：新华书店
印　　刷：宝蕾元仁浩（天津）印刷有限公司
开　　本：787mm×1092mm　1/16
印　　张：7
版　　次：2021 年 10 月第 1 版
印　　次：2021 年 10 月第 1 次印刷
书　　号：ISBN 978-7-5010-7134-0
定　　价：98.00 元

仰韶文化发现暨中国现代考古学诞生
100 周年纪念丛书编委会

丛书编辑人员

序言

中国现代考古学为何从1921年的仰韶村发掘算起

近代意义上的田野考古学从19世纪后半期即在中国开始。到20世纪初叶，西方列强的探险队在中国的西、北部边疆，日本人在中国的辽东半岛、华北和台湾等地开展了包括考古学、民族学在内的广泛而深入的考察活动。这是外国人的工作。1918－1919年，河北巨鹿故城发掘，1923年河南新郑铜器群的发现，揭开了中国人自己考古发掘的序幕。同在1921年，还在仰韶村发掘之前，安特生在当时的奉天（今辽宁）锦西沙锅屯发掘了一个史前洞穴——沙锅屯遗址，随后很快发表了发掘报告①，但为什么考古学界会把1921年仰韶村的发掘作为中国现代考古学的开始之年呢？

仰韶村遗址，虽是瑞典人安特生（J. G. Andersson，1874－1960）发现并主持发掘的，但这是农商部地质调查所田野工作的组成部分②。安特生是中国政府农商部矿政司高薪聘请的顾问，他的主要工作本来是帮助中国政府寻找煤矿和铁矿。1914－1916年，他在新成立的地质研究所担任教学工作。地质调查所成立后，他又长期在新生代研究室工作，对于我国北方地区的新生代地质研究贡献卓著。到了1920年，安特生的兴趣逐渐发生了转移，根据他在华北等地采集的磨制石器，他不仅发表了论文《中国新石器类型的石器》③，还派中国助手刘长山到河南渑池仰韶村寻找更多的石器标本。刘长山从仰韶村带回来600多件磨制石器，这才有了安特生次年4月的第二次仰韶之行（1918年12月8日，为采集古脊椎动物化石安特生曾经到过仰

---

① 安特生著、袁复礼译：《奉天锦西沙锅屯遗址洞穴层》，中国古生物志丁种第一号，1923年。

② 地质调查所成立于1913年，1916年开始工作，成立时属工商部。1914年，工商部和农林部合并为农商部，地质调查所改属农商部。1928年改属农矿部，1930年改属实业部。抗战时期实业部改为经济部，地质调查所遂改属经济部。当时河南、湖南、两广等省，分别成立省地质调查所，为了与省地质调查所相区别，1941年正式定名为中央地质调查所。1950年中共中央决定成立中国地质调查工作计划指导委员会，统一指导全国的地质工作。全国地质机构开始施行大调整，地质调查所正式宣布撤销，完成了它的历史任务。参见程裕淇、陈梦熊主编：《前地质调查所（1916－1950）的历史回顾——历史评述与主要贡献》，地质出版社，1996年，第1－25页。

③ J. G. Andersson, Stone implements of Neolithic type in China, Reprinted from *the Anatomical Supplement to the China Medical Journal*, July, 1920.

韶村）。在村南冲沟的断面上，发现了厚厚的灰土层，发现了彩陶片和石器的共存关系。这是仰韶遗址发现之始①。

1921 年秋天，在征得农商部以及地质调查所的同意后，又同河南省政府以及渑池县政府取得联系并得到他们的支持，安特生和他在地质调查所的同事袁复礼以及安特生的数名中国助手，前往渑池开始了对仰韶遗址的第一次科学发掘。

如所周知，这次发掘，取得了惊人的成绩，不仅发现了仰韶文化——“中华远古之文化”，使中国无石器时代的理论不攻自破，而且也为寻找中国史前文化和西方史前文化之间可能的联系开辟了广阔的前景。安特生通过跟中亚的安诺（Anau，又译“亚诺”）和特里波列（Tripolje，又译“脱里波留）文化出土彩陶的对比，提出仰韶文化西来的假说。虽然此前在中国华北、西北、东北和西南等地零星发现过不少磨制石器，但仰韶村的发掘，因为发现跟中国历史时期文化的密切联系，被称为中国的“第一个史前村庄”，及与西方史前文化可能的联系，还是给中国和国际学术界带来前所未有的震撼②。仰韶村的发掘者是安特生，但这个重要的考古发现，实在是 20 世纪初叶中国科学界的一项重要成就。

在 1923 年安特生所著仰韶村考古发掘简报《中华远古之文化》发表之前，袁复礼发表的简讯③（Notice），这也是目前所知仰韶村发掘和仰韶文化发现的第一次公开报道——就肯定这次发现是地质调查所的。袁复礼是这样说的：“这个发现是因为一九二一年四月，中国政府矿政顾问安特生博士（J. G. Anderson）在河南旅行，经过渑池地方首次发现的。后来在十月得了政府允许，方才去到那里掘挖。”④ 又说：“按说这次发现的事，是从地质调查所方面办的。所以这篇先期的报告，虽有新闻性质，论科学家的发现规律（Credit of Discovery and Priority），也应让《地质汇报》方面先登。不过地质调查所丁文江、翁文灏两所长，对于从地质方面去研究文

① 陈星灿：《中国史前考古学史研究（1895 – 1949）》，生活 · 读书 · 新知三联书店，1997 年，第 87 – 94 页。J. G. Andersson, *Children of the Yellow Earth*, The MIT Press, Cambridge, Massachusetts, 1973, pp. 163 – 187. J. G. Andersson, Researcher into the Prehistory of the Chinese. *The Museum of Far Eastern Antiquities*, No. 15, pp. 9 – 12.

② 安特生著、袁复礼节译：《中华远古之文化》，《地质汇报》第五号，农商部地质调查所印行，1923 年。J. G. Andersson, *Children of the Yellow Earth*, The MIT Press, Cambridge, Massachusetts, 1973, pp. 163 – 187.

③ 袁复礼：《记新发现的石器时代的文化》，《国立北京大学国学季刊》第一卷第一号，1923 年 1 月，第 188 – 191 页。胡适在此文的编者按语中说，他本来是邀请安特生撰文的，但是因为安特生要为“地质汇报和中国古生物学撰文，故推荐了他的朋友袁复礼先生”。而袁复礼因为又要去河南参加发掘，“行期很逼迫，不能作文”，所以只好请他“先替我们做一篇简短的记事（Notice）”。所以这篇短文，只能算是一个“简讯”（Notice）。

④ 同上引文第 190 页。袁复礼把安特生的名字 Andersson 错写为 Anderson。这个错误胡适也犯过。见陈星灿、马思中：《胡适与安特生——兼论胡适对 20 世纪前半中国考古学的看法》，《考古》2005 年第 1 期，后收入陈星灿：《20 世纪中国考古学史论丛》，文物出版社，第 146 – 163 页。

化史，极为赞成。安特生博士亦将他所有的底稿给我读过。所以他们三人允许我将这事在这里先简略发表，作一个介绍的文。将来安特生博士的大作出来，那个历史以前的文化方能有详细的论说。"[①] 这是当事人的看法，也是实情：仰韶的发现权虽然是安特生的，但也是中国政府的研究机构"地质调查所"的，一篇短文发表须得到两位中国地质调查所所长丁文江、翁文灏和发掘者安特生本人的许可，也充分说明了这一点[②]。

不仅因为仰韶村的发掘是地质调查所的一项重要工作，也是因为这项发现太重要了，它涉及到了中国文化的起源问题，所以才能得到国际学术界和中国社会各界的高度关注。从袁复礼披露的情况看，安特生即将在地质调查所主编的《考古汇报》第五号上发表的《中华远古之文化》（An Early Chinese Culture），本来的名字是"在中国的一个古文化"（An Early Culture in China）"[③]，两个题目看起来差别不大，实际上则有很大不同。因为正式发表的简报更加强调仰韶村发现的是"中国人的早期文化"或者"中国的早期文化"，而不是"在中国的一种古文化"。

要之，其一，仰韶遗址和仰韶文化是中国地质调查所的一项重要发现；其二，这个重要发现第一次从考古学上证实了"中国石器时代文化"或"中国史前文化"的存在，触及到了中国文化起源这一重大学术问题，所以即便是 20 世纪 50 年代把安特生的一系列考古发现和发掘列为"近代外国人在中国的工作"一部分的时候，中国考古学界也没有否认安特生的工作是地质调查所工作的一部分[④]。也就是说仰韶村的发掘和仰韶文化的发现是中国自己的科学研究机构的工作。仰韶村的发掘，标志着近代意义上的中国科学考古学的开始。这也是 2021 年我们纪念仰韶文化发现

---

① 同上引袁复礼文，第 190 – 191 页。

② 我在上引拙文中，根据胡适日记，推断袁复礼此文没有发表过，因为 1922 年 4 月 18 日的胡适日记里这样说："校袁复礼的《记新发现的石器时代的文化》。已付抄了，他从开封来一信，要我缓发此文。"我推测袁复礼提此要求，可能跟安特生有关，推论"缓发此文的要求也许就是安特生提出的"。（参见上引书第 150 – 151 页）我现在仍旧这么推测，但此文最后还是发表在了胡适任编辑委员会主任的《国立北京大学国学季刊》第一卷第一号上。为什么发表此文，估计跟丁文江、翁文灏的同意有关，也可能因为安特生自己的考古发掘简报《中华远古之文化》同年即发表在地质调查所编辑的《地质汇报》上，两者几乎可以说同时发表。看胡适日记，安特生 1922 年 3 月 27 日在协和医院讲《石器时代的中国文化》，一周后的 4 月 1 日，胡适参观安特生在仰韶村发掘的出土物。第二次见面，胡适即邀请安特生为《国立北京大学国学季刊》撰文记此事的原委，安特生推荐"最好是请袁复礼君做"，这就是袁复礼此文的由来。

③ 同上引袁复礼文，第 190 页。

④ 徐苹芳：《考古学简史》，原载中国科学院考古研究所编《考古学基础》，科学出版社，1958 年，后编入《徐苹芳文集》。文中说："1914 年地质调查所成立后，对中国的石器时代考古影响很大，先后发现了仰韶文化、沙锅屯遗址、甘肃青海的彩陶文化等，他们采用地质学上的科学工作方法，在这样的基础上，才有李济等的西阴村发掘，才有 1927 – 1930 年周口店旧石器时代的发掘，其主持者为裴文中等。"引自徐苹芳著：《考古剩语》，上海古籍出版社，2019 年，第 179 页。

100 周年暨中国现代考古学诞生 100 周年的原因所在。

为了纪念仰韶文化发现暨中国现代考古学诞生 100 周年，我们编辑了这套丛书：有安特生的《河南史前遗址》《巨龙与洋人》《中国北部之新生界》都是第一次翻译成中文；有瑞典当代学者扬·鲁姆嘉德（中文名杨远）撰写的《从极地到中国——瑞典考古学家安特生传》，是安特生唯一的传记，也是第一次译成中文出版；还有中美两国学者研究仰韶文化酿酒的著作《仰韶文化与酒》，中国学者撰写的《仰韶之美——仰韶文化彩陶研究》《圣地百年——仰韶村遗址发现百年纪事》《渑池县文物志》，内容相当丰富，也相当杂驳，但都围绕着仰韶和仰韶文化的发现和研究。

总结过去，是为了将来中国学术的创造性发展。我们相信这一天终将到来。是所望焉。谨序。

2021 年 8 月于北京

陈星灿

目录

引言 / 01

南京“火山锥” / 04

山西南部垣曲县的始新世沉积 / 17

中国的鸵鸟蛋化石 / 34

内蒙古五个泉的灰质软泥和含水石 / 46

中国北方新生代沉积评述 / 55

周口店的洞穴沉积 / 72

黄土 / 77

早期人类 / 87

附件 / 94

引 言

1914 年在北京，我接受了北洋政府农商部矿政顾问的职务，正式开始了在中国的人生旅程。第一年的工作是纯技术性的，主要是考察和评估煤矿和铁矿，及其他的矿藏沉积。能在这里从事科学性的研究工作，是当时的我并没有预料到的。

1916 年早些时候，在花了几周时间考察山西南部的铜矿沉积之后，我通过陇海铁路返回河南。途中注意到，山西和河南交界的垣曲县黄河北岸，在黄土的下方有一系列杂色的黏土和泥岩沉积，其中包含了大量的淡水软体动物化石。仓促间的少量化石收集使我确信，黄土下方有富含化石的新生代沉积，并勾起了我对研究黄河沿岸及中国北方其他地区新生代剖面的兴趣。

为了寻找新生代哺乳动物化石沉积，并寻找和确认史罗塞 Schlosser（1903）曾经描述过的富含化石的地层和地点，我组织倡议，制作了英文的宣传册分发给传教士和当时居住在中国的外国人，并请相关部门制作了简短的中文版册子几千份。许多传教士积极响应我们的呼吁，提供了非常重要的哺乳动物化石地点的信息。在这些合作者和志愿者当中，蒙古东部比利时大使 Pére Fl. De Preter，及山西南部的传教士 A. Bertram Lewis 因为对古生物研究的帮助而被中国农商部授予了特别的荣誉。

许多瑞典传教士以个人名义给我提供了非常重要帮助。其中，在河南的有开封的 R. Andersson，渑池的 M. Ringberg 和 E. O. S. Beinhoff,，新安的 MariaPettersson，在山西运城的有 A. Burger，在内蒙古的有 J. Eriksson 和 HallongOsso。在此必须提到的是 Maria Peterson 女士，1918 年下半年，她帮助促成了一系列的发现。这些发现证明了，在中国寻找哺乳动物化石前景广阔且意义重大。

除了向传教士寻求帮助，我们还开展了大量的工作，从中国的药店寻找化石“龙骨”及其产地的信息。但是，这条线索并不容易追溯追查。因为，大多数情况下，这些“龙骨”在发现之后经过多次转手才送到药店。即便如此，我们依然通过大型药材市场的“龙骨”贩卖商，了解到一些非常重要的线索。

化石收集工作能够开展得益于瑞典的个人资助。同时，这一工作也得到了中国地质调查所领导丁文江博士和翁文灏博士的支持，并达成了相关协议，即：收集的化石材料被分别送往瑞典的博物馆和中国地质调查所，研究成果发表在由中国地质调查所主办刊印《中国古生物志》。

维曼教授是瑞典乌普萨拉大学最早从事古生物研究的学者，是欧亚和北美古生

物学领域的先驱。1919 年初，我与他协商，希望能够合作研究在中国不断涌现的哺乳动物化石，他欣然应允。在助手的帮助下，Wiman 教授为新发现的脊椎动物化石撰写了一系列的专著。我在此非常感谢他为这些工作所付出的极大热情和精力。

1920 年，瑞典议会通过了一项提案，资助 9 万克朗支持在中国的化石收集活动。在此之前，这项活动仅仅得益于个人募资，由我的朋友，瑞典法院的首席检察官 A. Lagrelius 先生帮忙筹集。他具有较强的社会活动能力，多方斡旋后在瑞典成立了一个研究委员会，以支持我的研究工作。值得一提的是，这个委员会的第一任主席是瑞典著名的地理探险家，天琴（织女星）号的海军上将 LouisPalander。他曾与芬兰 - 瑞典著名的北极探险家 E. F. Nordenskiöld 一起，于 1879—1880 年间乘坐天琴（织女星）号三桅帆船，开辟了环欧亚北岸到太平洋的东北航线航道。

瑞典王储是一个资深的学者，也对中国文化历史非常感兴趣。1921 年，海军上将 Louis Palander 去世之后，他慷慨资助研究委员会，并担任委员会主席。正是在这些积极的帮助下，我们的工作才得以继续进行。

有两件事对我的哺乳动物化石收集和地层调查工作起到重要的推动作用。其一，美国自然历史博物馆的 W. Granger 博士来到中国，他是 Roy Chapman Andrew 博士组织的第三次亚洲地质考察的首席古生物学家。这次大规模科考将在几年时间内走遍东亚大部分地区，尝试寻找人类祖先化石。出于礼貌 Granger 博士愉快地接受了丁文江博士和我的提议，对即将开展调查研究的区域进行划分，以避免与我的工作区域重叠，并确保彼此间的有益合作。

1920 年夏天，Granger 博士在第一次野外考察之前，于北京逗留了几周。在此期间，我们非常愉快地进行了有益的交流。他讲了很多自己相关的考察经历，尤其是为哺乳动物化石收集和野外工作做准备的一些方法和技术。作为回报，我也愉快地分享了这段时间在中国了解到的化石产地的一些情况。

化石收集涉及的工作量越来越大，以至于在随后的几年间，我已经没有办法很好的在化石收集的同时兼顾农商部指派的工作。一方面由于语言和文化的原因，需要中国助手的帮忙，另一方面我也需要具有地质学背景的人加以协助。我恳请乌普萨拉大学的 Wiman 博士物色年轻的古生物学家，愿意花几年的时间到中国来发掘和研究脊椎动物化石。他推荐了 Otto Zdansky 博士，奥地利维也纳 Abel 教授的学生。

Zdansky 博士到达北京的时候刚好 Granger 博士也在北京。与这两个学者在北京的相聚对我的研究有极大的帮助，使我能对目前了解的中国第三纪和更新世的地层古生物情况形成一个综合性的认识，并在本书中得以展现。促成此书的另一个原因是，我打算到中国西部进行长期的考察，在此之前希望能对当前的工作有一个系统的梳理。

这本书仅仅是一个地质学家的野外工作手记，机缘所致，同时开展了大量的哺乳动物化石收集工作。我有充分的思想准备接受由于野外观察记录不足而引发的批评指责，但我仍然认为，古生物学者能够从本书中获得关于中国新生代古生物地层的重要信息，他们也应该会包容我们对该地区由于初次地质调查工作而存在的疏漏以及化石分类鉴定方面的偏失。毕竟，分类鉴定工作是在收集化石的过程中仓促完成的。鉴于化石本身的不完整性，我认为相关的化石记录是有价值的和必要的，毕竟“聊胜于无”。同时我也期待 Wiman 博士及其合作者能够对化石分类给予进一步的鉴定和校正。

我们目前对中国新生代时期地质历史的了解很有限，本书也无法针对相关主题给予全面的和统一的论述。有鉴于此，我们编排了几个独立的篇章来讨论不同的新生代地层和化石。在结论章节，我们尝试对目前所知的中国第三纪和更新世时期的地质历史做了一个简单的概述。

对于阅读此书的人，建议同时查阅我介绍中国北方自然地理的文章，由中国地质调查所刊印，将在第 4 卷 A 缉发行。其主要讨论的区域有限，除了对北京西山斋堂山谷的细致描述之外，也汇集了中国其他地区所做的大量的调查工作，并建立了与斋堂山谷地层时代的对应关系。

04

南京“火山锥”

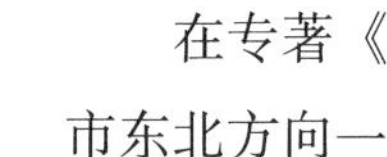

在专著《中国》的第三卷第733－734页，Richthofen将位于扬子江北岸，南京市东北方向一系列低矮的山丘命名为“南京火山群”，并附以简短介绍。他的描述主要参考的是被称作方山的山丘，内容大致如下：

1. 考查的火山包括方山、灵岩山、双女山、大铜山、小铜山等，这些山丘都是由深色基性火山岩和火山岩床组成的火山锥。

2. 火山锥的基部被水平层理的砾石层覆盖，有石英质的鹅卵石和石英岩。

3. 砾石层中没有火山岩，火山岩层中也没有石英质的鹅卵石。

4. 砾石层为水平沉积，火山锥像是从中凸出来的山包，因此且必然比前者形成时间更早，前者围绕火山锥的基部沉积形成。

此外，Richthofen和Pumpelly描述了另一处火山岩，即位于内蒙古南部的基性熔岩，并认为此处的玄武岩基部覆于黄土之上。很可惜，这一观点仅是给予常规的推测，而非准确的实地考察。

结束1919年夏天的蒙古考察之后，我有机会到张家口北40里的汉诺坝附近观察火山熔岩。我不仅发现那里的黄土覆于火山岩之上，同时注意到有早第三纪植物化石的泥页岩夹层，其上下都是玄武岩，而玄武岩之下是砾石层，有粗面岩和斑岩等火山岩质的鹅卵石。

1920年新年，在为南京附近扬子江下游的野外考察做准备期间，我读了Richthofen关于南京火山群的文章。他对于砾石层的解释可能是错误的，其沉积并非发生于玄武岩之后而是比玄武岩更为古老。这一情况与张家口北部的火山岩地层情况类似。

1920年1月，我和助手董常于2－4日对南京火山群进行了短期考察，结果发现Richthofen的阐述根本站不住脚。这位伟大的探险家做出这一错误判断的唯一解释可能是因为太过仓促的考察时间和有限的考察范围。以下为本人和助手董常的观察结果：

1. 这些山丘并不是火山锥（除了方山之外），绝大多数是平顶的桌山，是早期熔岩流展布形成的熔岩平台或熔岩被盖被流水切割而成的地貌。

2. 这些桌山仅在上1/4－1/2部由火山岩成分组成，其余为砾石层。正如Richthofen所述，砾石层包括石英和石英岩质的鹅卵石。

3. 这些砾石层并非如 Richthofen 所言呈水平沉积，而是通常向东倾斜，角度大者可达 30 度。上覆的火山凝灰岩和熔岩层与砾石层具有相同的倾斜方向，但是倾斜程度在某些剖面稍弱。

4. 砾石层中常发现有大量的熔岩块儿。有可能是在砾石层的沉积过程中火山弹喷出混入其中。

5. 另一方面，存在石英质砾岩和火山凝灰岩的过渡性沉积在凝灰岩中甚或在粗大的火山角砾岩中也有石英质的鹅卵石。

6. 火山岩层最上部是玄武岩熔岩流，下伏砾石或者凝灰岩。

7. 黄土堆积覆盖山顶和山坡的大部分区域。其堆积发生在山体熔岩平台被侵蚀成如今的轮廓之后。

此次考察不仅证明了此前关于“火山群”的解释有误，也表明砾石层沉积较为复杂。尽管此次考察还未能解决这些问题，但是为了方便读者参考，我们打算将野外记录刊印出版。

必须对助手董常先生在此次考察过程中的合作表示感谢，他独立完成了对灵岩山地层剖面的先期调查，在随后的几天里，我们一起复核并进一步确定了这些工作。

众所周知，在南京附近的扬子江下游北岸有广泛分布的玄武岩熔岩，但是南岸相对较少。在溧水县的浮山，丁文江所长曾观察到玄武岩帽不整合的覆于砂砾岩之上。在这次调查中，董常在句容县的赤山发现了同样的地层沉积关系：熔岩覆在红色砂岩之上。在江城县辖区内，距南京南 30 里有个平顶的山丘，被称作“方山”，但与江北岸六合县境内的方山不是同一座山。董常对考察这一“方山”的地层并发现，桌山的上部由玄武岩组成，但山体下部被黄土掩盖，沉积状况未知。此外，丁文江也曾提到有几个山丘发育玄武岩帽，包括方山、丫髻山、瓦屋山。

扬子江北岸的玄武岩比南岸分布范围广。在《扬子江地质》一文中，丁文江绘制了 1∶100 万的地质图，标注了在江苏和安徽的交界处、天津到浦口铁路两边广泛存在但知之甚少的玄武岩。

我和董常考察的区域与 Richthofen 的大致一致，只是向北去的更远，到了与安徽交界的冶山。为了方便读者理解，我们按照野外线路依次描述所观察的剖面和地层。

如图 1 所示，我们跨过扬子江，从南京来到浦口，开始对浦镇的第一次地质考察。Richthofen 曾描述了这一区域大部分的地层。板状砂岩在铁路两侧都有较好的出露，红色，松软，薄层状，杂有略泛红的棕色的泥质结核。沿着铁路，我们发现了火成岩，并在附近的地方找到了一个剖面，地层关系如下：

a. 角砾状的砾岩，有石灰岩质的鹅卵石。

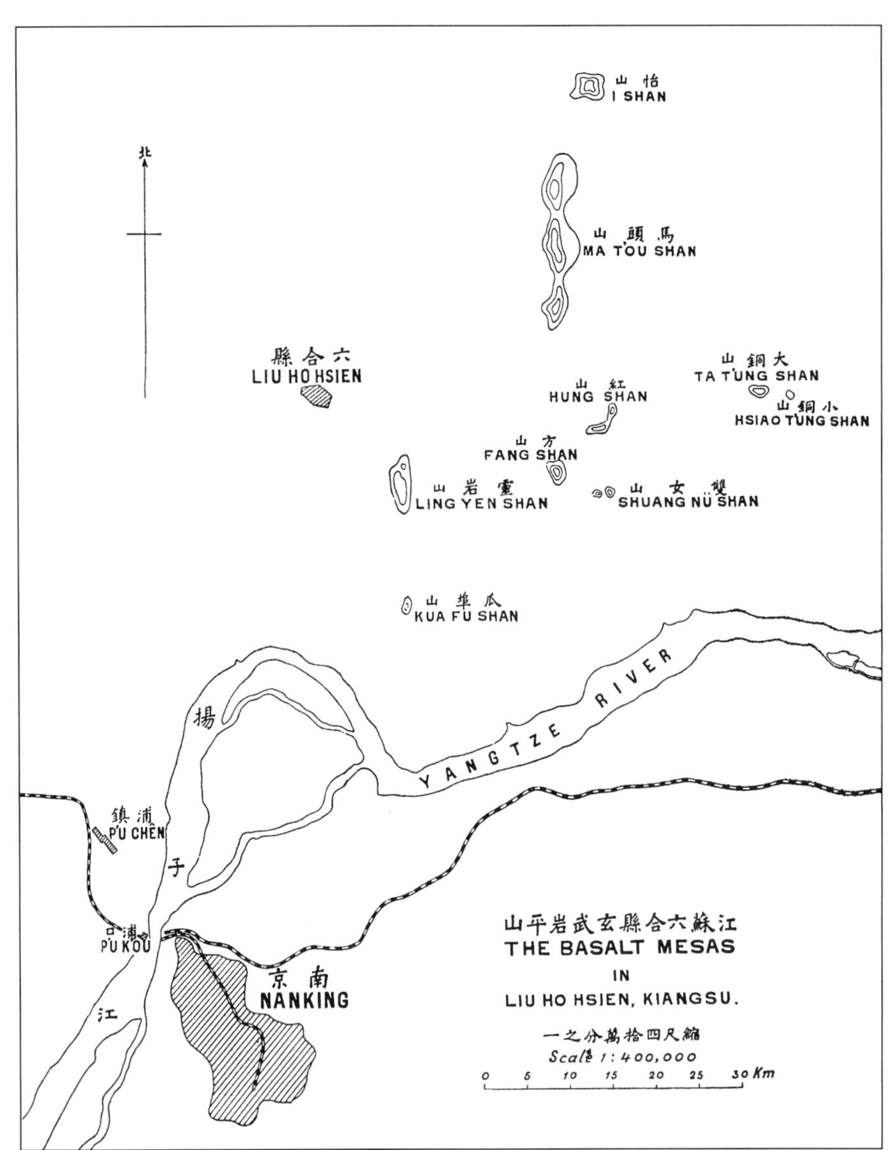

第一图江苏六合县玄武平岩山

b. 砾岩，含有石灰岩质和石英质的鹅卵石

c. 松软的白色砂岩，分布在陡立地层带

我们随着野外线路向东北方向到六合县，进一步向北到冶山。其位于江苏和安徽交界处，是一座石灰岩山，有少量的铁矿沉积报道。冶山的石灰岩中有燧石和大量的石英岩夹层。其石灰岩层的产状在一处剖面为西南 30 度，东北 30 度，在另一处则分别为南 30 度和东 57 度。

远远的从西南方向看，冶山呈低矮的平顶轮廓，具有典型的玄武岩帽的特点。我们没有细看冶山上部的玄武岩，但在宜山的西南方向，发现了一个锥状轮廓的小山。在此方向至少还有两个同样轮廓的小山，都发育晚期形成的火成岩，一座山上发现了玄武岩，在另一座山上发现了强烈风化的火山岩。同样风化的火山岩出露在这三座小山南边两个山嵴间的冲沟中。

在冶山东部一个孤立的山丘也发育平顶状的轮廓，可能也发育有玄武岩的顶盖。我们没有足够的时间对冶山周围进行仔细考察。但是，上述简单仓促的观察表明，早期的风化一方面形成了冶山上古老岩石的残余岩屑，另一方面塑造了接近现在面貌的山体轮廓，此后才被较晚的熔岩覆盖。

从冶山南望，方山、灵岩山、洪山等这些 Richthofen 所说的“火山群”矗立在广袤的冲积平原上，形成了独特的风景。为了考察这些“火山群”的地层，我们打算向南在方山和灵岩山之间多逗留一天，期间去看了马头山的地层。发现其整体轮廓并不是典型的平顶山，但是地层出露较好，对 Richthofen 关于“火山锥”地层的解释是有力的否证。山的西南角出露的地层剖面如图 2 所示：

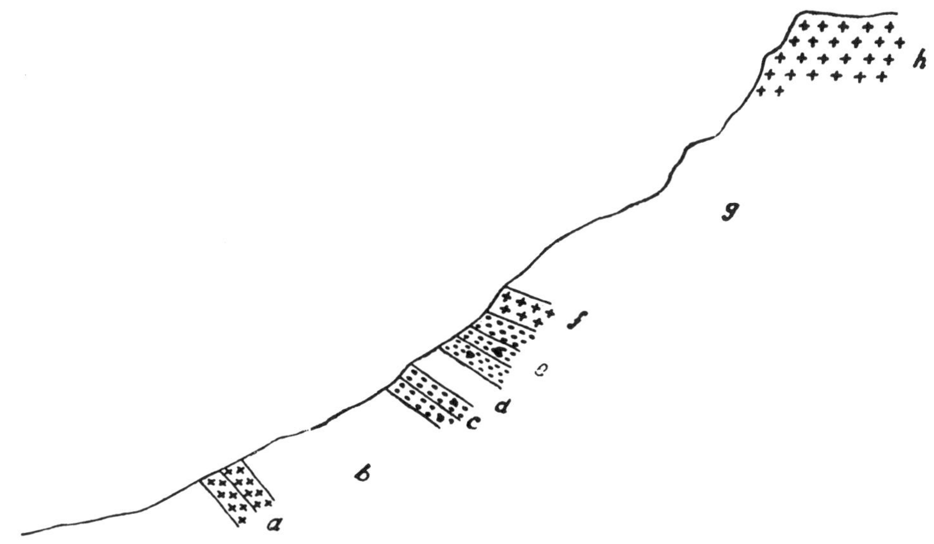

第二图马头山西南隅剖面

a. 玄武岩层，向东倾斜

b. 乱石堆积，无岩层出露

c. 类红色或者粉色的砾岩夹杂有熔岩块儿，向东倾斜 30 度

d. 植被覆盖，无出露

e. 灰色的砾石层，夹有熔岩块儿，向东倾斜 20 度，北 20 度

f. 玄武岩层，有同心层的球状结核

g. 植被覆盖，无出露

h. 玄武岩层，山顶形成玄武岩帽。

这个剖面有意思的部分是 c 到 f 层的连续沉积，a 层和 h 层出露的地方距离中心剖面较远，其间是坡积物，可能存在滑坡和地层扰动。

首先，c 层和 e 层是 Richthofen 所说的石英砾石层。正如其所言，鹅卵石是石英或石英岩质的，主要是灰岩的硅质成分，含有燧石。也有少量鹅卵石是花岗岩或闪长岩的结晶岩，但是在从母岩上分离时被强的外力破碎为岩屑，其中坚硬的硅质部分留了下来。

剖面显示砾石层比上覆的火山熔岩形成的早，两者是直接整合接触。在 a 层和 c 层之间无地层扰动，较老的熔岩在砾石层的下方。毫无疑问，c 层砾石层沉积发生在 a 层火山喷发之后，其中可见熔岩块。砾石层通常磨圆较好，甚至接近粗砂，鹅卵石核桃大小或更小，最大的也只有苹果大小。熔岩块零星散布在砾石层中，比较大，长至少 30cm。这些大的熔岩块表面或多或少地分布有孔隙，即使孔隙可以降低密度，但仍然难以想象雨水或者流水可以像搬运鹅卵石一样搬运这些熔岩。推测其可能是火山弹在喷发的时候直接落入了正在沉积的砾石层中。砾石层向东倾斜的趋势发生在 a 层、c 层、e 层和 f 层，倾斜程度从下向上逐渐变弱。从南看马头山东南侧的剖面整体轮廓（包括最上层的玄武岩帽），都具有显著的向东倾斜的趋势。但是，地层倾斜程度的变化并不是判断砾石层与火山活动之间沉积关系的充分证据。不过，我们注意到洪山的沉积具有类似的地层关系。

在上述马头山剖面向南几十米处，我们发现了较好的地层出露。如图 3 所示，出露的下半部仍然是石英质鹅卵石的砾石层，夹杂有火山岩。其上覆是互层的火山

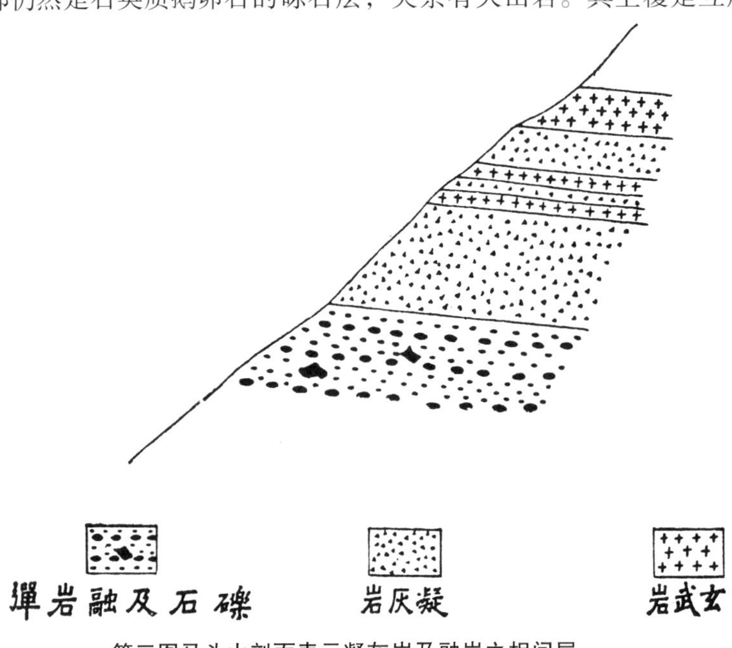

第三图马头山剖面表示凝灰岩及融岩之相间层

凝灰岩和薄层的玄武岩，前者磨圆度较高，最下层熔岩层厚 6 米，中间的厚 10 米，最上层的为 30 米。此处向东倾斜的趋势比较弱，约为 5 度左右。1 月 2 日的马头山考察再次证实了 Richthofen 对该区域地层关系的理解有误。

我和董常决定第二天去调查方山、灵岩山和洪山：我向东去洪山，董常向西去灵岩山，于下午在方山汇合。正如图版 1 图 1 所示，洪山是一个典型的平顶山或者桌山。我这次只看了最两边的地层，发现一处很好的剖面。如图 4 所示，剖面的地层关系描述如下：

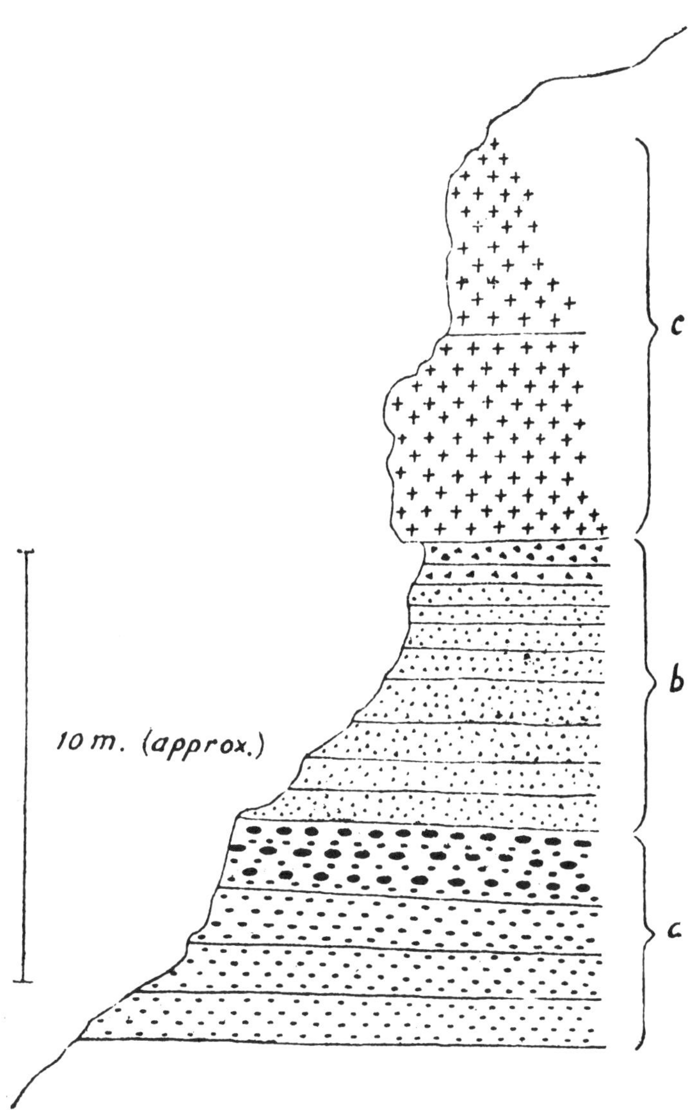

第四图西红山隅剖面

Fig. 1. Southwestern part of Hung Shan.
Only the uppermost part is basalt, all the rest gravel and sand.
紅山西南部　山頂為玄武岩餘皆砂礫層

Fig. 2. Ling Yen Shan, seen from ENE.
靈岩山自東北望之景

a. 黄色，磨圆较好的砾石或粗砂，鹅卵石多为石英质，也有破碎的花岗岩形成的。鹅卵石大小如核桃和苹果。上部砾石较粗，鹅卵石比较大。

b. 粉色、磨圆和层理较好的凝灰岩，粒度存在亚层的差异，最上部的最粗糙，其紧邻上部的熔岩层。该层凝灰岩有少量的石英质鹅卵石夹杂其中。

c. 玄武岩层，与下部 b 层凝灰岩接触的部分由于快速冷却而成绳状或者葡萄状。

此三层所在剖面的斜坡的下方有沙岩层出露，显示交错的流水层理，有长轴约 15 厘米大的鹅卵石。该层砂岩向东倾斜明显，a 层的砾石层也显示有向东倾斜的趋势，约 10 度左右，但其上部的倾斜减弱，不足 5 度。这种岩层从下向上倾斜程度减弱的现象与马头山剖面的情况一致。但是，我们目前还不能就此做更多的讨论。

方山的地层情况要更加复杂，阐明其沉积关系需要花费更多的时间考察，此处仅做简单描述。方山是这些桌形山中最高的一座。从东南方向，在方山与洪山之间看，方山整体的轮廓如图版 2 图 1 所示。正如 Richthofen 所言，方山像是一个开口向北的小火山口，与周围其他山丘不太一样，且火山口的大部分结构并没有在图片中显示。其北边的开口形成了一个小山坳，附近村民在此处修建房子并开垦农田，看起来似乎是此处的火山口崖壁因为风化侵蚀而消失了。

与其他山丘一样，方山的下部地层也有石英质的鹅卵石组成，只有上半部是火山岩。在山的东北部砾石层的出露最广泛，火山角砾岩在砾石层之上，两者的地层关系在北部的出露更明晰。砾岩和砂岩并不形成明显的层理结构，这可能与后期火山的扰动有关，因为在砾石和砂岩层，甚或两者上部的火山角砾岩都有横向的断层。在火山角砾岩和粗糙的凝灰岩层可以见到大块儿的火山弹（长轴超过 1 米）直接落在砾石层之上。

在火山角砾岩层可见一些磨圆稍差的石英质的鹅卵石。其在角砾岩中的出现并不是流水搬运的原因。更合理的解释是这些砾石本来在火山口附近，火山喷发时的冲击将其连同火山物质一同抛出。这也从另一个方面证实了火山岩与砾石层的沉积关系。

灵岩山是一个长形的山丘，由北向南延伸（如图版 1 图 2 所示）。董常考察了这座山的地层，绘制了如图 5 所示的剖面图。1 月 4 日我们汇合后对其描述做了进一步确定。灵岩山比较特别的地方在于砾石层和上覆的火山岩层中出现了红色砂岩亚层。在一个冲沟中，我注意到该红色砂岩层疏松，胶结差，几乎是呈散砂状，颜色为较深的粉红色。根据董常的描述，砂岩层缓慢向北倾斜，并逐渐尖灭消失，与上述的砾石层为不整合接触，后者多为灰色，但在最上部与火山岩相接触的部分可见有红色。

Fig. 1. Fang Shan from the N. Showing the supposed crater.

自北望方山之景似火山噴口

Fig. 2. Shuang Nü Shan, seen from Fang Shan.

自方山望之雙女山

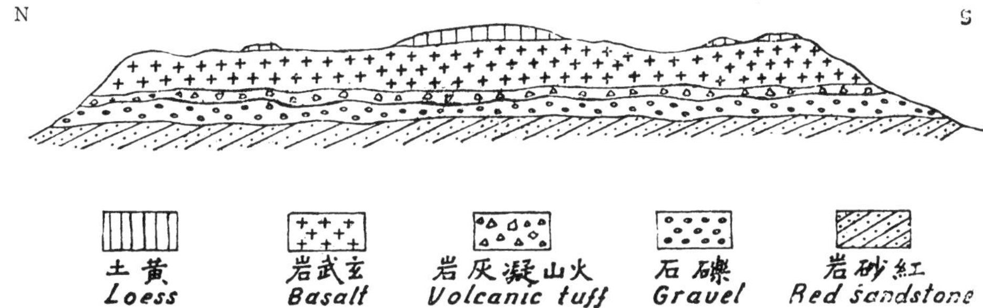

第五图灵岩山大略剖面（据董常君报告）

砂岩夹层较薄。砾石层一部分较为松散，一部分胶结较好，较硬；鹅卵石较小，很少有长轴接近20厘米的，但其中的火山岩熔岩块儿较大，最长的可达80厘米长，很显然是火山喷发时抛入砾石层中形成。

在一处剖面上，我们观察到凝灰岩胶结而成的砾石层，倾斜角度为东向27度，但是下伏的砾石层大部分是水平的。砾石层上部的火山岩部分为凝灰岩，部分为角砾岩。前者中常见石英质的鹅卵石，我甚至在后者岩层中也找到两块此种鹅卵石。

在山的西侧有高达10米的火山岩柱状节理。山顶部的覆盖物董常认为是土壤，在我看很有可能就是当地的黄土，颜色比普通的黄土深，呈红棕色，在其下5尺的层位可见到小块儿橄榄石，是局部的物源沉积，可与我在中国北方其他地方见到的黄土对比（此时，据中国黄土研究的肇始尚有半个世纪）。灵岩山上部的黄土厚度至少5米，与中国北方的黄土一样，都被冲沟切蚀。而黄土沉积开始于火山熔岩被流水切割之后。

距离灵岩山南8里的地方有瓜埠山，其南面出露发育垂直柱状节理的熔岩。此处为扬子江冲积平原，北缘向东的一系列小山丘也有此等柱状节理，也有水平的或强烈弯曲的。这些节理结构与周围沉积物的关系尚不明确，他们可能是厚的熔岩层基底，也可能是突入红色砂岩层的侵入体。

上述观察表明，火山岩系的凝灰岩、角砾岩、熔岩层覆盖于前期沉积的石英质砾石层之上。砾石层的火山弹表明其沉积过程中有火山活动。我们目前还无法再进一步深入讨论砾石层与火山岩层之间的关系。

在南京南边儿的山丘上，其砾石层与河北岸一系列山丘的岩层沉积一样，但是不发育上覆的火山岩。值得注意的是，南京的砾石层中有零星分布的小的玛瑙质的鹅卵石。当地人拿来做装饰，具有一定的商业价值。这些玛瑙石的物源不明，很可能在此区域有比砾石层更古老的火山熔岩。

在本书的最后，我们将讨论内蒙古高原的地层。那里的玄武岩覆于砾石层之上，后者的鹅卵石多为斑岩质的。砂砾岩中残破的植物化石表明，砾石层最下部的时代至迟是侏罗纪。蒙古的火山岩中没有发现凝灰岩沉积，而南京的地层中发育凝灰岩，

并直接覆于砾石层之上；蒙古地区直接覆于砾石层之上的是玄武岩，在一处可见火山岩岩脉横向穿过砾石层。

内蒙古地区玄武岩地层的时代得以确定是基于汉诺坝附近两层玄武岩之间页岩中的早第三纪植物化石，但江苏的玄武岩及砾石层的时代有待进一步研究。

根据 Richthofen 所言，在山东青州和邓州，火山岩部分形成熔岩流，部分形成火山锥。在吉林和辽宁，火山岩形成大规模的熔岩流。在沈阳附近的抚顺，玄武岩上覆厚的沉积物有渐新世的植物化石。

Richthofen 把南京北部的熔岩桌山描述为“火山锥”。正如上面所说，除了方山可能是火山锥外，其他都不是。图版 2 图 2 是李希霍芬所描述的双女山，两者形状轮廓相同，也难怪被称为火山锥。我没有花时间考察这座山。Richthofen 的描述中提到，山坡下半部仅有石英质的砾石，上部为玄武岩。据此我们推断，像周围其他山丘一样：这两座火山早期形成了大规模延展的熔岩流被盖，后在水流切割作用下形成两个独立的熔岩桌山。

在所谓的“南京火山锥”中两个最典型的桌型山是洪山和灵岩山，山顶熔岩岩被都或多或少的被冲沟侵蚀。可以预见，可以预见该侵蚀作用最终将塑造出双女山那样的地貌。

图 6 所示为从北偏西 30 度的方向，在远处所见灵岩山的轮廓。从一个个小的山洼判断，这是又一个被侵蚀切割的桌山。W. M. Davis 有关于这一切蚀过程的形象的图解。

第六图灵岩山西北山形剖面

上周观察结束很久以后，我在 1921 年 12 月考察了南京凤凰山的铁矿沉积。在地质调研究所两位同志的陪同下，我有机会在此期间再次对南京南 30 里处的方山进行地层考察。

方山距离从南京到凤凰山的公路不足 15 里，可以从公路上远远的看到山脚下的红色出露，指示其基部是红色的砂岩沉积。在南坡的一个冲沟里，我们能看到在下方基部的红色砂岩和上方玄武岩之间的白色岩层，这与我们在江北岸观察到的玄武岩下方的砾石层十分相似。我委托地质调查研究所的两位同志去调查冲沟的剖面情况，他们绘制了冲沟和整座山的详细地质图（图 7，8）。无需多言，方山在地层结构方面与灵岩山等其他江北岸的玄武岩桌山相同，唯一的不同是方山玄武岩直接覆盖于砾石层之上，而江北岸的剖面在两层之间有凝灰岩夹层。目前不能排除在江南岸同样位置发现凝灰岩的可能性。无论如何，上面描述的发现于南京南部方山的位于玄武岩层之下的砾岩层在江两岸都有发育，有力的验证了我关于两者地层关系的推论。

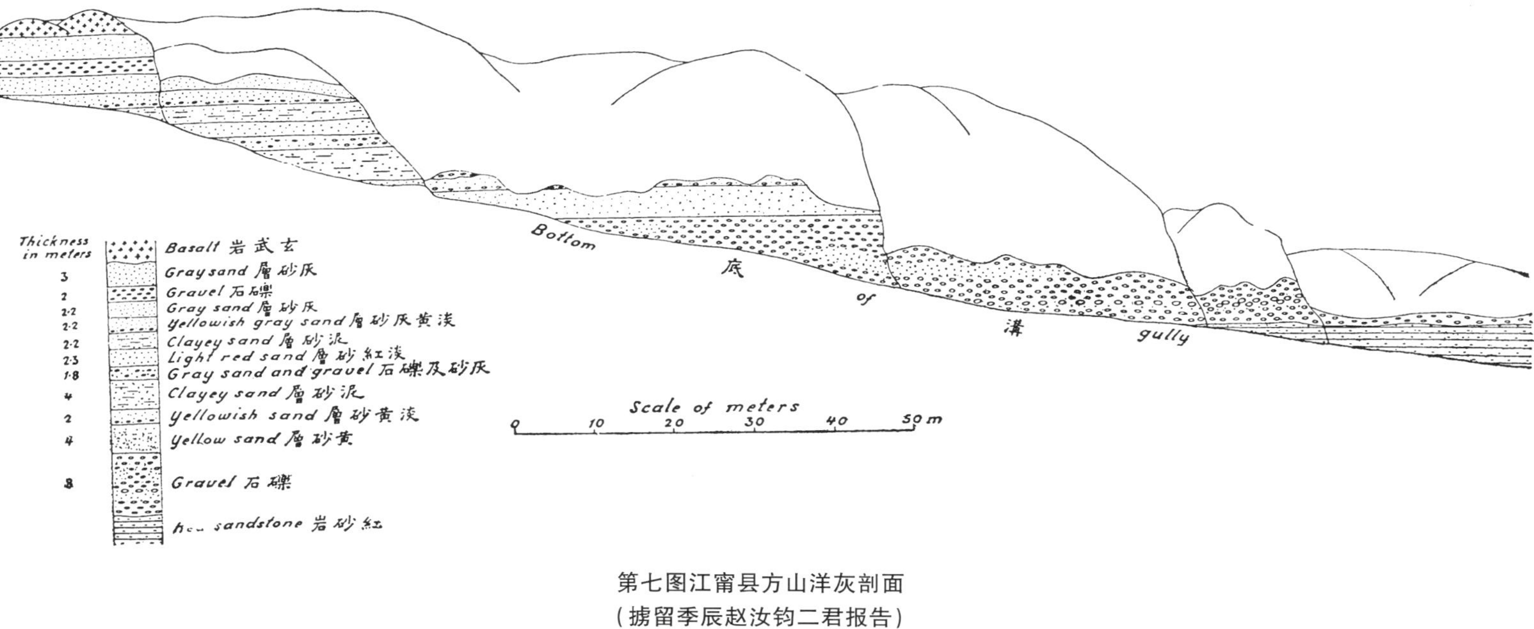

第七图江甯县方山洋灰剖面
（掳留季辰赵汝钧二君报告）

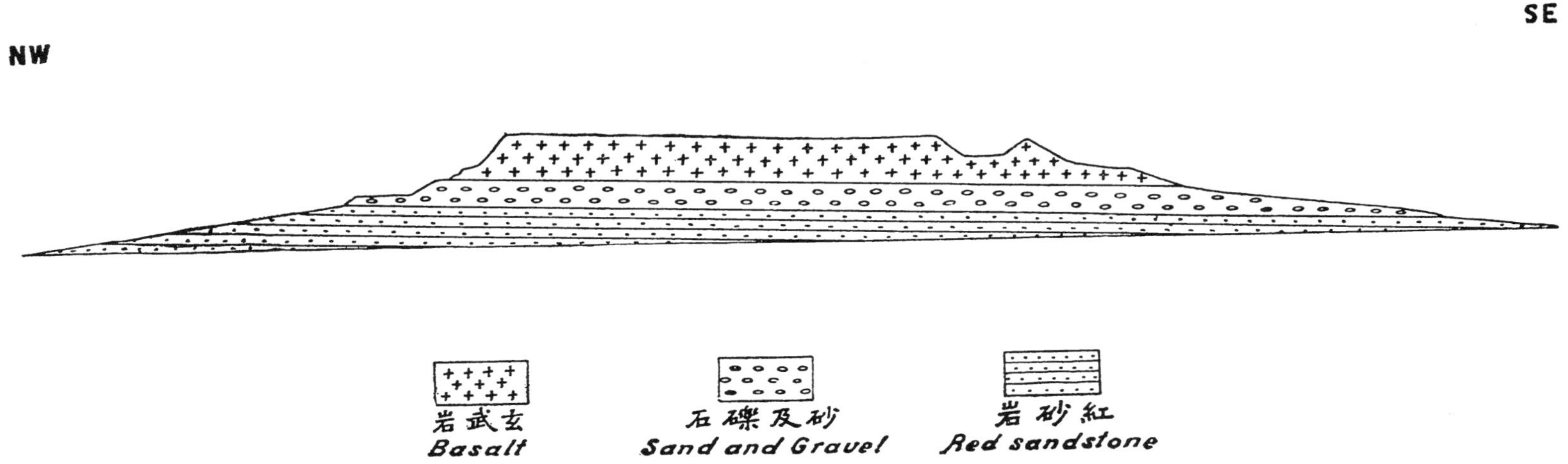

SE

NW

玄武岩 Basalt

砂及礫石 Sand and Gravel

紅砂岩 Red sandstone

第八图江甯县方山大略剖面
（搒留季辰赵汝钧二君报告）

山西南部垣曲县的始新世沉积

序言

1916 年 5 月，我考察了山西与河南交界处垣曲县附近黄河两岸的地层。在河北岸，垣曲县城西南 4 里处，我们在黄土和砾石层的下方发现了红棕色和杂色泥岩层和泥灰岩层。

这些沉积中有大量的淡水软体动物，沉积时间可能早于黄土。

由于时间关系不能就某一地点做详细调查，只做了小规模的化石收集，并寄往瑞典国家博物馆，由 Odhner 博士研究。

发现时我的第一印象认为化石是早更新世时期的，但意外的是，Odhner 博士认为可能是始新世的。1920 年，Odhner 博士写了《中国始新世沉积中的软体动物》一文，但由于各种原因未能及时刊印，将在《中国地质调查通报》第 4 卷出版。文中鉴定了 8 个种的淡水软体动物，6 个是法国和西德的始新世沉积类群，另 2 个是新种。

在 1916 年第一次而且仓促地考察期间，我们只观察到了一个几米厚的剖面，这些始新世地层的沉积范围、构造特点和地层层序关系仍然知之甚少，很有可能尚有大量软体动物的化石没有发现。第一块脊椎动物小碎片的发现使我对这个地方的研究充满了前景。

一直以来，我都想要再次对这个区域进行考察，但由于各种原因，直到 1921 年才如愿以偿。我在 4 月 29 日到达垣曲县，5 月 13 日离开，主要是研究始新世地层。下面是我们对这一地区始新世地质情况的简要介绍，地质图的比例为 1∶10 万。

地形地貌

始新世区域几乎上都位于垣曲县的黄河北岸。在任村西南偏南的方向，有一条小河的南岸有始新世岩层出露，从地貌判断，这些沉积像一个窄的条带，从村边向东延伸到县城附近。这套岩层在黄河南岸的出露位于河南的渑池县。始新世的沉积从黄河边儿开始向东延伸约 13 公里，到上塘村北边儿的山上，东西宽约 10 – 14 公里。

该区域疏松和易风化的始新世沉积形成了相当低和开阔的地貌，北面、西面和

南面有高山，尤其是南面有大的山脉，岩性可能是奥陶纪的灰岩。在始新世沉积区域有两条河流在垣曲县汇合，并最终汇入黄河。一年的大部分时间里，这些河的流量非常小，河床有砾石岩层。大大小小的河谷及冲沟将完整而平坦的台塬切蚀呈如今的地貌。在垣曲县境内，台塬海拔高出黄河 100 – 200 米。

在地质图的最西边，一条黄河的三级支流从一个同样深但更窄的河谷中流过。

总体而言，始新世地层沉积区域一个不容忽视的地貌特点在于，它是一个高原台地，比黄河河床高 100 – 200 米；黄河河谷切蚀这些始新世沉积。高原地层剖面如图下部所示：倾斜的始新世沉积上覆水平产状的砂岩、砾岩和黄土。

这些始新世沉积所在的高原台地几乎被河谷和冲沟切蚀殆尽，面积最广的残余区位于垣曲县城北，从西坡向北 7 公里延伸到石头山的山脚下。另一处位于垣曲县县城的西北方，向西延伸到灰岩山丘，但是已经被更多沟壑切蚀成不规则的地形。

在河谷的东岸向北向下游到垣曲县，是另一处始新世沉积的高原台地，其延伸到福家庙村的南部。此处向东有一个位置较低的区域，从地形地貌上看很像始新世沉积。我们起初推断始新世的地层从此处向东延伸更远，但通过望远镜观察，我们发现在上述地点的东南方向有晚古生代的疏松沉积（这些沉积我在研究垣曲县的沉积时已有过介绍）。

在垣曲县的西和西北方向，早期沉积被深的冲沟切蚀并暴露了许多始新世剖面。这些干支交汇的冲沟数量很多，我们观察了其中的一部分并认为，这些错综复杂的冲沟网络在地层和古生物研究方面具有重要的意义。

构造特点

众所周知，始新世沉积周围在西面、北面，尤其是南面都有较高的山岭围绕，其是一个下沉的区域，南北向受控于大的断层线，但东西向构造模糊，很难解释。

始新世沉积的向北有一些圆隆的山丘，由前寒武的红色石英质砂岩组成，下伏各种类型杏仁状构造的辉绿岩和斑岩。砂岩稍向北倾斜。1916 年，我们在地图所示区域稍向北一点儿的徐家庄东北部发现了小区域的富含化石的寒武纪地层。

在黄河南岸有一系列距离村镇较远的、被冲沟切蚀较深的山丘。离黄河最近的南岸的山丘主要构成包括前寒武纪的砂岩和上述的熔岩，但是更靠南的位置是奥陶纪灰岩的锯齿状的山峰，此灰岩地层沿着黄河向下延伸 40 里，被黄河切割成窄的深沟。

跨过黄河河床，在垣曲县东边的陡峻的山坡上，我们观察到一套出露较好的岩

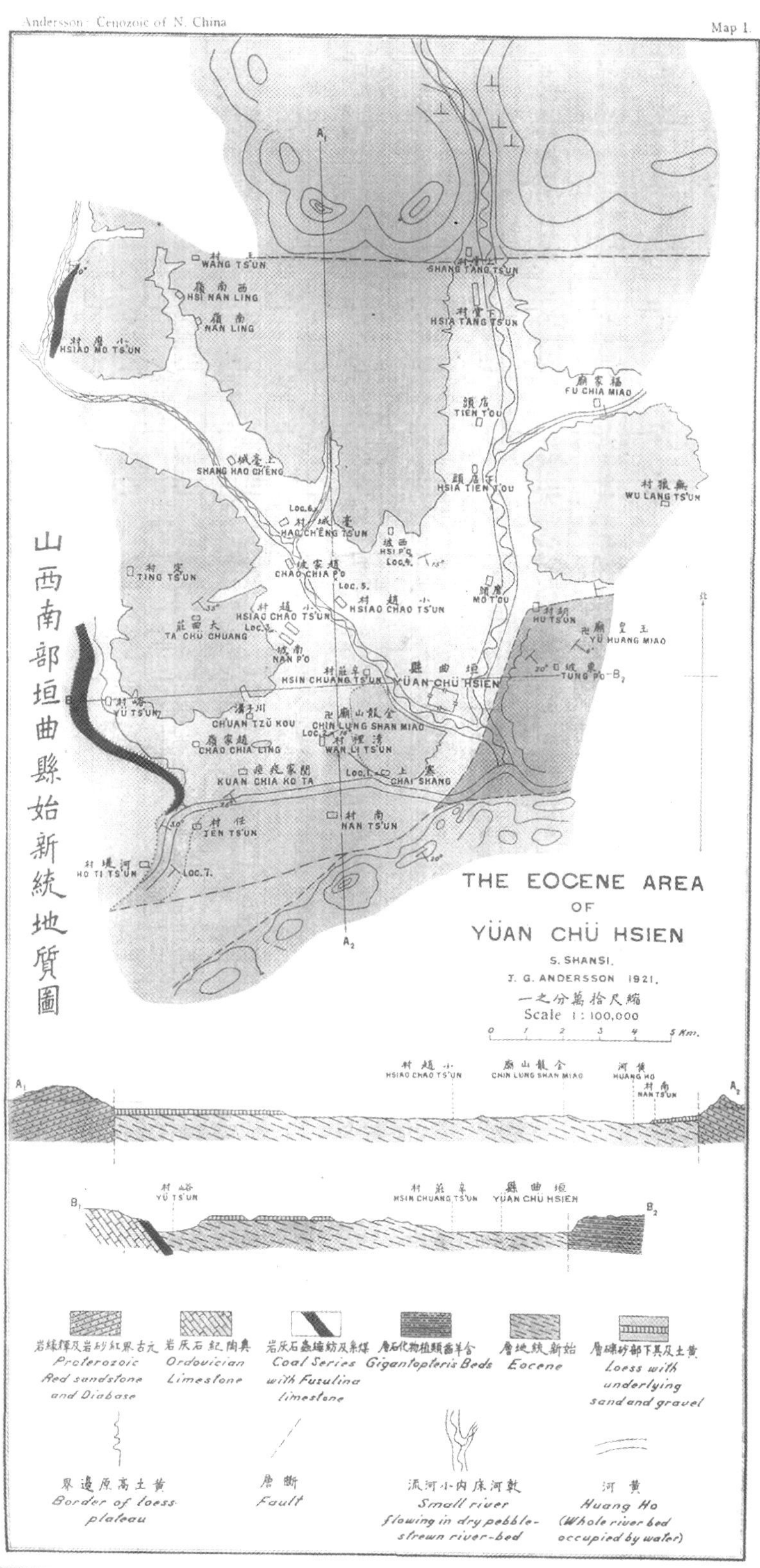

Andersson: Cenozoic of N. China
Map I.
山西南部垣曲縣始新統地質圖
THE EOCENE AREA OF YÜAN CHÜ HSIEN
S. SHANSI.
J. G. ANDERSSON 1921.
縮尺拾萬分之一
Scale 1: 100,000
0 1 2 3 4 5 Km.
王村 WANG TS'UN
上堂村 SHANG TANG TS'UN
西南嶺 HSI NAN LING
南嶺 NAN LING
下堂村 HSIA TANG TS'UN
小磨村 HSIAO MO TS'UN
福家廟 FU CHIA MIAO
店頭 TIEN T'OU
上毫城 SHANG HAO CH'ENG
下店頭 HSIA TIEN T'OU
無狼村 WU LANG TS'UN
毫城村 HAO CH'ENG TS'UN
Loc. 6.
西坡 HSI P'O
Loc. 4.
寨村 TING TS'UN
趙家坡 CHAO CHIA P'O
Loc. 5.
小趙村 HSIAO CHAO TS'UN
磨頭 MO T'OU
胡村 HU TS'UN
玉皇廟 YÜ HUANG MIAO
大留莊 TA CH'U CHUANG
Loc. 3.
南坡 NAN P'O
辛莊村 HSIN CHUANG TS'UN
垣曲縣 YÜAN CHÜ HSIEN
東坡 TUNG P'O
峪村 YÜ TS'UN
川子溝 CH'UAN TZŬ KOU
金龍山廟 CHIN LUNG SHAN MIAO
Loc. 2.
清裡村 WAN LI TS'UN
趙家嶺 CHAO CHIA LING
閻家疙瘩 KUAN CHIA KO TA
Loc. 1.
寨上 CHAI SHANG
任村 JEN TS'UN
南村 NAN TS'UN
河堤村 HO TI TS'UN
Loc. 7.
A1
A2
B1
B2
小趙村 HSIAO CHAO TS'UN
金龍山廟 CHIN LUNG SHAN MIAO
黃河 HUANG HO
南村 NAN TS'UN
峪村 YÜ TS'UN
辛莊村 HSIN CHUANG TS'UN
垣曲縣 YÜAN CHÜ HSIEN
元古界紅砂岩及輝綠岩 Proterozoic Red sandstone and Diabase
奧陶紀石灰岩 Ordovician Limestone
煤系及紡錘蟲石灰岩 Coal Series with Fusulina limestone
含羊齒類植物化石層 Gigantopteris Beds
始新統地層 Eocene
黃土及其下部砂礫層 Loess with underlying sand and gravel
黃土高原邊界 Border of loess plateau
斷層 Fault
乾河床內小河流 Small river flowing in dry pebble-strewn river-bed
黃河 Huang Ho (Whole river bed occupied by water)

层：产状几乎水平，局部有不同程度的倾斜，出露有灰绿色的砂岩和层理发育不好颜色较深的页岩，后者常常破碎呈片状。我们在这套岩层收集了大羽羊齿的化石，植物群组成是最晚古生代某个时代的特点。该区域北边的始新世界限未知。但正如前述，向东在不远的地方转变为可能是古生代晚期的地层。

在始新世区域的两边界限，地层相对复杂，我们选择两个地方：其一是区域地图西北方向的小村附近；其二是黄河再向南的峪村附近，

在小村向北两公里的地方，我们发现了非常硬的新出露的黑色花岗岩。再向南不远，在同一条河谷中有灰岩沉积，大多是深色，局部转向大理石色（很显然，这是由于附近火成岩的作用而形成的变质过程）。灰岩向南延伸了较远的一段距离，但是在小莫村北边儿附近，被一个煤矿的废石堆覆盖；在村子的南边，小河谷的南岸，我们看到了始新世地层形成的高的陡崖。再向西北处是粗糙的砾岩，向东倾斜25度；再向东南2公里，是0.5－3米厚的灰色砾石层，且与红棕色的泥岩和松软的砂岩互层。

在此处与峪村之间，向南7公里黄河东岸的始新世地层显示东南东的倾向，倾角27度。在西岸，山丘更高，出露有古生代的含煤地层，底部有一些含蜓灰岩。这些古生代的沉积之下是灰色厚层状不含化石的灰岩，可能是奥陶纪的。这些地层之间均为不整合接触。

再向南几公里是黄河的一条小支流，其切蚀的地层提供了关于古生代和新生代沉积叠覆关系的信息。如图9的剖面图及图版4图1所示，灰岩向东倾斜约50度，始新世的地层向东南倾斜约30度，其间是含煤的古生代岩层，与下部灰岩地层之间均为不整合，局部上下关系有扰动。

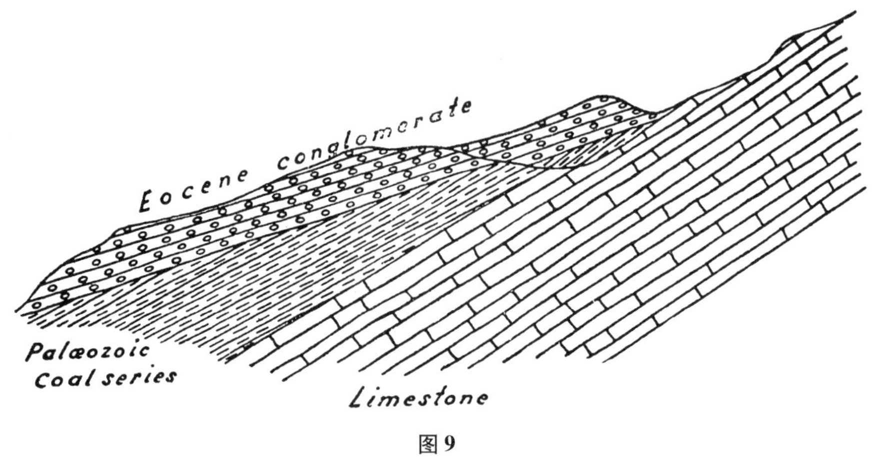

图9

我认为在始新世地层与古生代地层之间没有断层线。更可能的是，始新世的地层覆在古生代灰岩之上。在与灰岩接触的地方，始新世砾岩含有很多的灰岩质的鹅

卵石。这是由于含煤古生代地层遭遇风化侵蚀，只留下薄的岩层或完全缺失，始新世砾岩直接覆于灰岩之上。

在其它地方始新世砾岩主要由前寒武的红色砂岩组成，其在始新世之前遭遇风化剥蚀。显然这一区域处于断层上或断裂带上，构造运动使古老的地层被暴露剥蚀。在西侧，始新世和较老地层之间为不整合接触。这可能与第三纪构造运动的断层有关，导致了始新世之后地层的错动。

始新世沉积的倾向主要为南东向，倾角平均 22 度。这个地层产状在东到垣曲县，南到黄河，西到峪村，北到丁村和四铺的区域内较为一致，倾角为 15 – 35 度，可以据此计算始新世沉积的厚度。

沿着地层倾向，从大曲庄西北到寨上村东南的 6.5 公里内，地层倾向相同，平均倾角约 22 度，据此计算的地层厚度为 2400 米。尽管我们没有发现在此间有走滑断层，但也无法断定此处的始新世沉积是否真有如此巨厚，不过至少该有一半。约有 1000 米。通过望远镜观察，我们注意到在郝成村的东北方向有小的断层，小庙林南部始新世沉积的西北角，地层向东倾斜，但在西南，与河堤村相对处，地层则向南倾斜。

在垣曲县县城向北 7 公里的店头，我们发现河谷中出露红色页岩与灰岩互层，整个地层向南倾斜 10 度；此处向东 3 公里，在夫子庙是砾石层、砂岩层和灰岩层互层的地层，向北倾斜 25 度。这一情景与此前所见胡村东的地层相似，即始新世地层与古生代灰岩之间有大的断层，向下滑脱的始新世地层被扰乱，从西向东，在较短的距离内有较大的倾斜角度变化。

地层

始新世地层的岩性变化较大。

位于下部的砾岩沉积粒径通常拳头大小甚或足球大小。而此套地层的上半部，砾岩夹层变少变薄，粒径变小。显然，在沉积初期，区域海拔高差较大，水流动力较强，可以搬运较大的砾石；随着时间推移，河谷和山坡上的沉积物增多，阶地变缓，水动力减弱，沉积的砾石变小。

在始新世沉积的底部有块状泥岩层，与上述砾岩层互层。泥岩以红色为主，其次是杂色的，夹有不规则的绿色条带。在这套沉积的上部是红棕色的泥岩或页岩，厚度达 30 米。与其互层的是微白色的砂岩，常可见流水层理。这套砂岩层中含有砾石层，其中产脊椎动物的化石。

在这些泥岩和砂岩之间是微绿色或者蓝灰色的泥质灰岩，层厚 30 – 100 厘米。在垣曲县的西或西北区，该层在不同的剖面断断续续出现，极易识别，其中含有介形

Fig. 1. Eocene conglomerate unconformably overlying Palæozoic beds.
Yuan Chü Hsien, NE. of Ho Ti Tsun. (Compare fig 9, p. 29)
上之層地界生古于合整不岩礫統新始北東村堤河縣曲垣

Fig. 2. Gently dipping Eocene sands and marls. Yuan Chü Hsien, Chin Lung Shan Miao.
斜傾之層灰泥及層砂統新始廟山龍金縣曲垣

类的壳，有时可见软体动物或脊椎动物的碎片化石。

郝成村东北方向约 1 公里处有一条向东北方向延伸的冲沟，在这里发现了疑似始新世煤层的沉积。我们称该地点为第 6 地点。似煤层沉积为深色的岩层，约半米厚，位于河谷的西岸，河谷宽约 77 米；东岸也有，但常被坡积物覆盖。深色岩层沉积物可以燃烧，但是冒的烟臭烘烘的，且由于风化严重，也无法判断其原有岩性特征。此套岩层中富含石膏，下部有丰富的石膏结晶。深色岩层下方为黄色的泥砂岩，上部为蓝灰色的粘土，再向上深色岩层上方约 1 米为富含化石层，有许多扁卷螺，可见深色岩层是始新世沉积上部的局部夹层。

化石

我将 1916 年收集的标本送给 Odhner 博士鉴定，他判断为始新世的软体动物。这些化石产自黄河北岸的寨上村附近，紧邻地图上第 1 地点的东北角。一部分在泥质灰岩中发现，一部分在块状泥岩中发现。相关研究 Odhner 博士发表在《地质调查通报》中，题为《中国始新世湖相沉积中的软体动物化石》。以下为属种记录：

Planorbispseudammonius Schloth

Planorbispseudammonius Schloth var. *leymerieii*Deshayes.

*Pl. sparnacensis*Deshayes

*Pl. chertieri*Deshayes

Physa cf. *lamberti*Deshayes

*Euchilusdeschiensianum*Deshayes

*Ceratodes sinensis*Odhner n. sp

*Eupera sinensis*Odhner n. sp

除了最后 2 个是新种外，其他均是法国和西德始新世地层的典型代表，指示该处沉积为始新世时期。

Odhner 博士是近几年关于中国地层研究的学者中最知名的一位。他的研究使我们能够确定该区域化石层位的时代是始新世，至少有 1000 米厚。除了 Odhner 博士鉴定的软体动物外，根据 K. A. Gronwall 教授的鉴定结果，1916 年首批鉴定的标本中，还有轮藻。我和姚 1921 年收集的更多的标本还没有来得及研究鉴定，但是 W. Granger 博士和 Zdansky 博士分别对哺乳动物和低等脊椎动物化石进行了初步的鉴定，对此我深表谢意。

正如在地层部分所介绍的，始新世沉积的下部包括砾岩及其上的红色泥岩和其下的杂色泥岩，化石很少，只有一些无鉴定价值的碎骨块。

始新世沉积的上部是磨圆较好的砂岩，其中有砾石和红色泥岩的亚层。薄层的

泥质灰岩和红色灰岩层没有太多化石，少量偶尔碰到的多为碎骨块儿。仅在南坡村附近的 3 号地点有一些比较大的骨块。Zdansky 博士鉴定结果认为多为爬行类，只有一块儿是哺乳动物的。

产化石最多的是泥灰岩层（其上覆和下伏地层无化石），多数为介形类（Ostracoda），其次是轮藻（*Chara*）。其他泥灰岩层位也有很多软体动物化石，其中扁卷螺（*Planorbis*）最丰富，与之同时发现的还有一些脊椎动物化石碎块。软体动物的壳多为棕色或黑色，质软，可能是磷灰石质。脊椎动物化石中有发现鱼类，但大部分都是爬行类的碎块，Zdansky 博士鉴定了 2 个种和小鳄鱼的一些骨块。

哺乳动物化石仅在黄河岸边第 1 地点的泥灰岩中有发现，距离 1916 年第一次发现化石的地点非常近。此次发现的化石仅有一对颌骨和一些单独的颊齿。Granger 博士鉴定为偶蹄类的标本是一个完整的下颌骨，还有一个上臼齿，有可能属于同一个体，其他的还有单独的牙齿；有可能属于狐猴或食虫类的一个下颌残段和 2 个单独的牙齿；一个没有保存牙齿的小的下颌，可能属于食虫类；还有一个啮齿类的门齿。

我在 1921 年 5 月收集这些化石时做了初步鉴定，Zdansky 博士同年 12 月再次去到垣曲县收集始新世地层的化石。他仔细考察了与黄河右岸河堤村相对的化石地点。此处距离金村 2 里，我只做过远距离的观察，觉得有必要进一步确认其地层，就将其介绍给 Zdansky 博士。他发现大量化石产于蓝绿色的和深棕色的泥岩中，地层倾斜 15 度，西偏南 35 度。除了许多两栖犀的化石外，还有其他哺乳动物碎块，以及龟鳖类和腹足类化石。

内蒙古脊椎动物化石地点

据我所知，产于内蒙古的化石还没有系统的研究结论。古生物学家 Lydekker 在 1891 年于《印度地质调查记录》第 24 卷，第 4 期发表短文，介绍据称是产自蒙古的化石。但是这些化石的形态和类型与山西的化石相同，很有可能收集自中蒙边界处的中方辖区内，而不是蒙古境内。

1892 年，Lydekker 穿过戈壁滩从库伦到张家口的途中，Obrutcheff（亦做 Obruchev）在艾尔登达巴斯（Erdene dabbas）咸水湖南岸地层中发现了犀牛的牙齿化石。该类群的化石在我们随后考察的区域也屡有发现。

1916 年，在中国地质调查研究所的帮助下，我对中国北方的新生代沉积展开调查。结果两年耐心的前期工作，我于 1918 年在河南的上新世和更新世地层中发现了大量的哺乳动物化石。这次成功鼓舞了士气，我随之做出了来年夏天去内蒙古考察的计划。早在 1919 年春我就恳请精通蒙古事务的 Larson 先生介绍一位蒙古向导，其能够也愿意协助我们的发现之旅，寻找化石龙骨。Larson 先生推荐了一位年轻蒙古小伙 Haldjinko。他适应工作很快，并找到了很多化石。5 月，他帮我们把发现的哺乳动物化石运到了北京，主要是鹿角，还有一些化石碎块儿。这使我对前景充满信心，觉得这事儿能成。同时我们也注意到这些化石与中国其他地方的并不相同，质硬，颜色较深。Wiman 教授分析后来认为，其中含磷灰石比较多，还有硅质成分。

在 1919 年 7 月，我到达哈拉乌苏（Hallong Osso）地区，其位于张家口北 115 公里处。蒙古助手 Haldjinko 给我看了很多的化石，但是多为碎块，无什价值。倒是另一个蒙古小伙 Jensen 在我到后的一段时间找到了不少保存稍好的化石，其中有河狸的臼齿。这一发现令人振奋。我们随后了解到，这些牙齿是发现于一个叫二登图（Ertemte）的地方，其位于哈拉乌苏北 35 里处，早春时节 Haldjinko 发现的保存最好的鹿角也是产于此处。我随后对二登图地点展开发掘，在 3 米厚的砂岩层中发现了以啮齿类为主的小哺乳动物群。

二登图的发掘在我回北京之后一直持续到秋天，在传教士 JoelEriksson 热情而负责的帮助下，小批量哺乳动物化石很快得以收集归拢。

翌年，即 1920 年，我急不可耐地回蒙古继续寻找哺乳动物化石。在 6 月份，到达的时候，二登图地点已经在 Eriksson 牧师的指导下挖出了一个大沟，更清楚的暴露了该地点的地层和化石的埋藏方式。随后我们在敖兰卓雷（Olan Chorea）试掘了几个坑洞，都有所发现。

另外，我们在二登图向北几里，被称做哈尔敖包（Harr Obo）的地方找到了一些重要的化石点。化石发现于红色泥岩——很有可能，我们找到的是中国的三趾马红层。

方圆 100 - 150 里的化石都被收集到哈拉乌苏，其中有 3 个点的化石最丰富，我们据此开展了针对内蒙古哺乳动物化石的研究。

同年 7 月，我从哈拉乌苏向北进入邦江（Pang Chiang）北边较远的戈壁，没有什么发现，仅在邦江与哈拉乌苏之间的无名地点发现了一段腿骨，很可能是象类的化石，产于砂岩层中。在此期间，我的蒙古助手 Jense 向东到多伦地区，但是沿途并没有什么发现。

发现的化石交由乌普萨拉大学的 A. Söderström 博士来研究。更全面的研究将包括区域地形地貌和气候环境，以及该区域现在与过去生物的对比等方面。当动物学家和植物学家对我收集的材料完成鉴定之后，将一起出版刊印。以上是我在内蒙古进行脊椎动物化石考察的过程，下将简要介绍几个重要的化石地点。

以下将从最古老的地层开始依次介绍，许多脊椎动物化石的分类都是野外初步鉴定，进一步的修订在所难免，但至少能提供一些动物群组成方面的信息。

Andersson: Cenozoic of N. China. Pl. III.

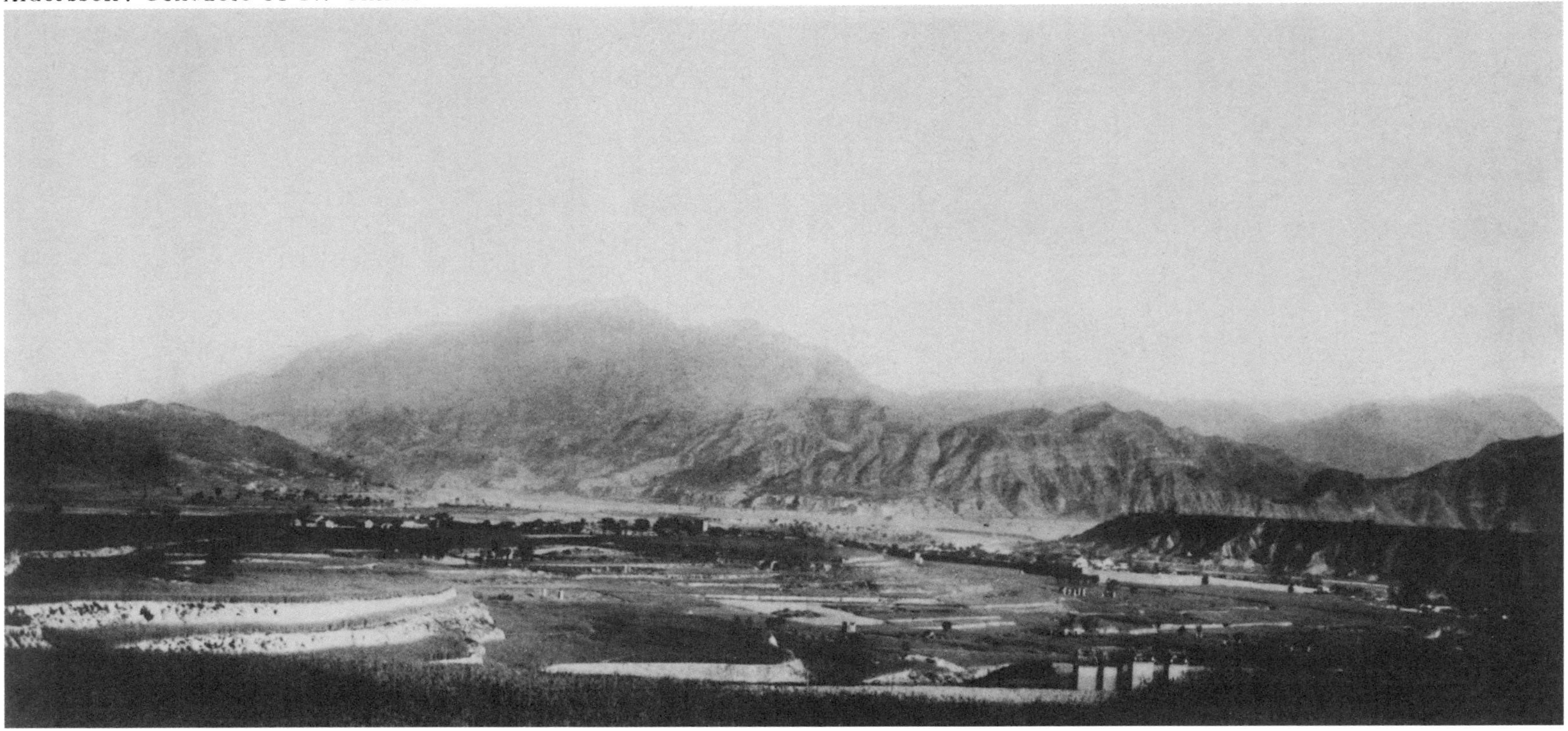

SE. part of the Yuan Chü "Graben" of Eocene beds. 山西垣曲東南地塹之始新統地層

The highest range in the distant background is Ordovician limestone. The lower range immediately on the south bank of the Yellow River is Proterozoic red sandstone. The hill at the left side of the picture is Gigantopteris beds. The lowland in the foreground is Eocene, overlaid to the right by a terrace of gravel and loess.

哈尔敖包位于二登图化石点西北部3公里处，发现化石的地方距离著名的哈尔敖包山3里路程，山顶上是蒙古人祭山的圣地——敖包。

化石坑处在一个轮廓不规则的洼地，地势较低，可能曾是一处断流的河道，当地人在此处打井取水，供家畜饮用，化石是挖井洞时发现的。地层的红色泥岩与中国北方的三趾马红层不同，其中含有大量的钙质结核，长度在10－30厘米，可能是由于表面有锰质矿物的关系常呈黑色。结核中间是空心的，有石膏结晶。化石主要发现于这些结核中，常保存较差，有破碎的犀牛牙齿，散在于结核中，呈窄薄的片状，如削尖的笔尖儿一样。在这个地点发现的化石中，有一个稍破损但大部分保存较好的犀牛头骨，及一些可能也属于犀牛的大的骨块。除了奇蹄类，还有一些偶蹄类的牙齿，可能是三趾马动物群的成员。

哈尔敖包是唯一一个在红色结核中发现了化石的地点，但此类沉积在哈拉乌苏地区却不罕见。例如，距离哈拉乌苏东南东10里的特布乌拉（Tabool），在Larson先生的临时住处附近就有红色泥岩出露。在哈拉乌苏和特布乌拉之间一处开挖较好的出露面，可见同样的沉积，包含大量的钙质结核，表面呈特征性的黑色。在位于哈拉乌苏西侧几里处的德巴图（Debato），一条小河切出的剖面上也有包含结核的红色泥岩出露（这个地点将在下面细细介绍）。

蒙古助手收集的小批量化石中，有些形态与哈尔敖包的动物群相似。

有必要将其中4个化石地点做一下概述：

1. Tjelin Gol，哈拉乌苏向北120里，犀牛和三趾马的牙齿

2. Bonk Tjaggan，敖兰卓雷北20里，犀牛和马的牙齿碎片，还有一些大的腿骨

3. Tjagganör Ich，向北流到Tjaggan Nor，有大量的犀类牙齿的碎片

4. Anguli Nor，特布乌拉西南70里，在大金河（DaTjin Gol）附近，大金河也流向Tjaggan Nor，有马牙和犀牛的牙齿，有些保存较好

这4个地点的牙齿和碎骨都由小河道中冲出，其原生的层位无从知晓。如果进行系统的调查，很可能会发现这些地方的沉积与哈尔敖包相同。

在哈尔敖包东南5里处有化石层，化石产于磨圆较好的疏松砂岩中，含有很多壳类；脊椎动物化石形成了一个小规模的动物群，数量和种类丰富。

二登图点位于哈尔敖包西南的小山丘，化石产于东坡的小洼地，如图3所示，有a、b、c共3个发掘点。最初在b点附近发掘时发现了化石沉积，随后于1919年在b点和a点附近进行了发掘。1920年时，在b点已经沿着西南到东北方向挖出了一个大沟，长24米，最宽处接近6米，发现大量化石。随后在秋天又挖了一个c点，但是化石并不丰富。因此在a点试掘，发现大量化石，类型与b点的相同。

二登图的沉积为类白色，局部砂岩泥质含量较高，层理不明显，我们自己的

挖掘点并没有到达砂岩的底部，但是在旁边原本挖的井洞下部我们找到了一些红色的泥岩。虽然这个井洞已经被部分回填，但依然清晰地表明，红色泥岩在砂砾岩之下。

但岩层仅在 3 米深的位置有化石，层厚 14 –35 厘米。如图 4 所示，在此层之下有两处产化石的层位，即淡水软体动物的泥质砂岩层在 S2 处，另一处在剖面西南部化石层上方 60 厘米，有大的牙齿发现，可能是牛科的。化石层的砂岩与上下层不产化石的层位不同，砂砾比较粗糙，磨圆差，形成砾石一样的沉积，骨块儿被流水冲刷磨蚀，呈鹅卵石样。这一层位也含有钙质结核，直径有几厘米，局部增厚形成镶嵌的钙板，使该层硬度增加。其他大部分地方主要成分是软泥或泥灰岩，常粘在化石上。该层几乎到处都有淡水壳类的化石，主要是几个不同地点的腹足类，和些许的双壳类。大骨块和一些小的牙齿往往同时发现。大部分的脊椎动物骨骼呈深棕色，表面有光泽。正如 Wiman 教授所说，这些骨块的主要成分是磷灰石。

可惜，这些牙齿和骨块儿保存状态不够好，受外力作用磨圆，大小相近，例如，犀牛的牙齿都是一些碎片儿，鹿角也都或多或少的破损，没有一个完整的；没有发现头骨，下颌也仅有两个，勉强算是完整。鹿牙仅有一颗完整的，但是保存状态也与该地点其他材料相近，表面有搬运和磨蚀的痕迹，牙齿上保留的细节太少，不能做理想的分类鉴定。

小型的啮齿类化石保存相对完整，有肢骨和下颌，门齿和臼齿都是单独保存的。化石没有一个完整的头骨。但是，大型河狸发现了几个完整下颌。

通过以上介绍不难发现绝大多数的化石为啮齿类，食肉类和食虫类的下颌和牙齿也有发现，但是数量比较少。重要的是发现了大量的小的骨骼，Söderström 博士认为可能是蛙类。除此之外，我们还发现了一些可能属于鱼类的双凹的椎骨。最后要提到的就是，收集了一些 *Struthiolithus* 鸵鸟蛋壳碎片。

以下是每个地点的具体介绍。

敖兰卓雷（Olan Chorea）

蒙古助手 Haldjinko 在此处做了小范围的发掘，有大量相当好的骨骼化石，这些地点在地图 3 标注为 1 –4 的不同发掘位置。

第 1 地点位于长型山丘的东北坡，山体是太古代的岩石，山坡上有红色泥岩，夹杂有砂石。化石看起来是泥岩中产出的，但也有可能是雨水冲刷出来的。我们没有能够找到化石的原生层位。

在第 2、3 和 4 地点，我们进行了发掘，并对两个坑洞测量了剖面。如图所示，层序描述如下：

第 2 地点：

a. 硬的泥岩，底部有大量结核层，厚 80 – 115 厘米

b. 泥岩到粗砂，再到砾岩层，相互夹杂。化石产于砂砾岩，层厚 70 – 80 厘米

c. 磨圆较好的砾岩和粗砂，有化石，层厚 35 – 40 厘米

d. 砾岩层，有不规则的泥岩和砂岩夹层，有化石，层厚 45 – 70 厘米

e. 泥岩，有砂岩和砾岩，及泥质砂岩，无化石，层厚 125 厘米

第 4 地点：

a. 厚而硬的泥岩，没有发现化石

b. 泥岩，有小的钙质结节

e. 磨圆较好的砾石，有许多化石

d. 表层砾石，时代很晚，化石很少

值得注意的是，第 2 地点的岩层整体呈灰黄色，偏红。敖兰卓雷的化石组成与二登图相同，后者是内蒙古这些地点中动物群面貌了解最多的一个；然而也有差别，敖兰卓雷的河狸牙齿相对少，而蛋壳的碎片多。

所产化石可能属于二登图动物群的化石地点如下：

多什，在哈拉乌苏北 10 里，发掘量比较大，沉积物是类红色泥岩，夹有砾石和表面不规则的白色结核，直径 2 – 3 厘米。发现有鹿角，大的食肉类的犬齿，啮齿类的牙齿和骨块，以及鸟蛋的碎片。

德巴图，距离哈拉乌苏很近，此处是一个小河床，切蚀有几米深。与蒙古大部分的河道相似，通常干枯仅雨季有水流。阶地上长满杂草，偶尔可见砂岩和砾石出露，其中有化石。

在河道的转弯处有小的陡崖，高处约 4 米，出露有红色泥岩的钙质结核，有的地方出露有砂岩和胶结硬且磨圆较好的砾石。

特布乌拉（Tabool），向南 5 – 6 里处，化石发现于地表，一部分在山谷坡地的上部，坡上岩性为砂岩或砾岩；一部分在地势较低处的砾石中。化石的原生沉积可能为砾岩层。

奥兰（Olan）

奥兰位于哈拉乌苏西北 80 里，宝格达河（Bogdain Gol）东南 10 里，张家口到库伦的公路东边。

化石点位于一个山谷中，山谷朝向北偏东，30 度。其中的砂岩沉积层理明显，被复杂多变的沟谷下切 15 米深。这些沟谷与中国北方黄土高原的地貌十分类似，在蒙古的其他地方还没有见过能有切蚀如此深和如此延伸复杂的沟谷。

正如上述，此处的沉积为黄沙，层理发育，没有类似的黄土沉积。我在蒙古的其他地方也没有见到黄土沉积，可见其极其稀少或完全不发育。但是在北方其他地方甚至蒙古高原的边缘区域，黄土是很常见的。

在奥兰砂岩层的底部是磨圆较差的砾石层或砾石透镜体。砂岩沉积层理很明显，期间常有类似泥岩的夹层，如纸片一般薄。我们注意到有波状层理发育，但通常情况下层理都是水平的。也有一处剖面观察到局部的小褶皱，但其上下层均为水平产状。化石产于砂岩层中，由当地的蒙古老乡收集。从化石的大小看应该是象类的骨骼。

我在奥兰期间没有再发现新的化石，只是去看了之前收集的化石的产地。化石层位于河谷阶地中部的砂岩中，发育有水平层理。当地人说，每年雨季会有新的化石被雨水冲出来。

1919 年夏天，我见到当地人收集的标本中有相当一部分是犀牛头骨，从化石表面保留的围岩判断其产于砂岩层中，据说产于哈拉乌苏北 120 里处的被称为迪思克（Diske）的地方。这些犀牛化石的石化程度较低，可能与奥兰的化石产于同一层位。

以上是我到访或考察过的内蒙古地区重要的化石产地。除此之外，还有小批量的化石产地信息了解的太少，此处无法做更多介绍。

以下讨论这些地点的地质年代。由于蒙古高原地形稍微起伏，地层海拔高度随之不同，几乎无法找到一个完整的剖面，哪怕是相邻地点间的地层关系及时代都很难确定。除了 Wiman 博士提供的二登图动物群的初步观察意见之外，没有其他人给予古生物方面的建议，只能根据自己的观察结果展开推论。在此种情况下，读者就能理解以下讨论只代表当前的观点。

下表为哈拉乌苏附近脊椎动物化石的沉积地点：

<table>
<tr><th>时代</th><th>地点</th><th>岩性</th><th>化石</th></tr>
<tr><td>更新世</td><td>奥兰和迪思克</td><td>砂岩</td><td>犀类和象类</td></tr>
<tr><td rowspan="2">上新世和晚中新世</td><td>二登图
敖兰卓雷</td><td>砂岩和砾岩</td><td>河狸，其他啮齿类，祖鹿，蛋壳；二登图尚有两栖类，鱼类，淡水软体动物</td></tr>
<tr><td>哈尔敖包
Tjel in Gol
Bonk Tjaggan
TjagganNor</td><td>红色泥岩</td><td>犀类，三趾马，偶蹄类，整体与中国其他地方三趾马动物群成员相近</td></tr>
</table>

我将奥兰和迪思克划归为最晚的地层沉积，其所产化石尚未石化或石化程度低。

哈尔敖包可以确定是此次在蒙古地区发掘遇到的最古老的含哺乳动物化石的沉积地点。这套红色泥岩沉积在哈拉乌苏地区分布广泛，其中在敖兰卓雷的第 2 和第 4 地点位于泥质砂砾岩下面，含钙质结核的红色泥岩中发现有与二登图化石相同的动物类型。由此我认为，哈尔敖包动物群可能比二登图的年代要早，但是相差不远。如果说这一判断正确，即他们是三趾马动物群的成员，那么此处的地层时代就随之确定了。当然，也有可能我的判断完全错误，需要重新厘定。在对比哈尔敖包的大动物群和二登图的小哺乳动物群之前需要补充的是，前者所产牙齿和骨骼多为灰白色，而后者为棕色，接近黑色，化石中磷灰石含量较高。

关于二登图动物群，在 1921 年 2 月 11 日我与 Wiman 博士做了初步交流，他提到 Söderström 博士对该动物群的部分鉴定结果如下：

Talpa

Lagomys

Castor n sp.

Lepus

Dipus

Cervavitus

这其中最后一个是河南三趾马动物群的鹿类化石。Wiman 博士因此认为，蒙古的有大河狸的动物群在时代上接近中国北方的三趾马动物群。我们也期待随后更深入的化石鉴定工作能搞清楚二登图和哈尔敖包两个动物群的关系，及两者与中国北方其他动物群之间的关系。目前只能确定，二登图的砂岩沉积比哈尔敖包的泥岩要晚，证据就是敖兰卓雷的剖面。

正如上述，二登图和敖兰卓雷等地的化石多为碎块儿，其似乎不是原位埋藏，而是经过水动力搬运后的二次埋藏。这是刚接触这些化石时我的想法。但是随着新的化石材料的发现，只能承认这些化石是原位埋藏的，他们破碎的状态另有原因。

化石鉴定的结果显示，哈尔敖包和二登图动物群在时代上仅略有不同，但都与前者没有后者动物群中的大型有蹄类，三趾马动物群时代相当；且化石颜色为棕色到黑色的磷灰石；后者化石多为灰白色。

综合上述因素，目前最合理的解释为二登图是原生沉积。

以下我们讨论二登图化石层的沉积类型和古环境。分段在 1919 年，我曾发现此处有河狸的牙齿，随后的发掘和鉴定进一步证实了这一发现。

哈拉乌苏现在是典型的高原草原，整个区域树木较为稀少，仅在大的冲沟或河谷的阴湿区域有少量耐旱的阔叶树种。只有季节性河流，湖多为咸水湖，一年中大多时间干枯，表面有盐结晶，雨季时有短时蓄水。河狸化石的发现指示森林和水体

的存在。大量蛙化石在二登图地层的发现进一步证明了水体的存在，更何况我们还发现了很多的淡水壳类。之前发现的双凹椎骨是鱼的化石。这些都表明，二登图的砂岩是河湖相沉积。

现今的地图上，我们找不到任何可以形成此类沉积的河道，及相关的地貌类型。沿着河谷向下是一条季节性的溪流，汇入咸水湖。在冲沟 A 和 B 仍有之前河道残余的地貌，但是在 C 处已经完全过渡为平坦的高原，海拔是地图上基准面的 12 – 14 米，没有河道。

二登图沉积的地貌环境可能是一个湖湾。我在地图上对当时二登图古湖的可能的湖面及湖岸边界进行了标注，点线描出的古湖轮廓并不是根据严格准确的校准，有轻微的起伏，这是高原地貌的原因。别说裸眼观察，即使是借助很好的水平校准仪也很容易出现偏差。即便如此，这些校准对于估计二登图古湖的范围也是很有价值的。在二登图村东南是 12 公里的平坦洼地，最低处是两个咸水湖：二登图附近的大巴什咸水湖和洼地最南端的明月湖。

为了寻找更多的证据讨论此处的古环境，我在距离明月湖东 2 里处被称为达尔楚（Darchuei）的地方挖了两个深沟，其中有脊椎动物和一些双壳类的化石。沟中地层关系如图 12 和图 13 所示；底部是泥质的砂岩和砾岩，其上是层理明显的砂岩和砾岩，并有小而陡峻的褶皱。在此种沉积环境下，很难解释这种小褶皱是如何形成的，也许和冰期湖水的压力有关，但有待验证。脊椎动物和贝类化石产于砾岩层，该层发育有层理。二登图和 Darchuei 的地层目前并不足以确定沉积环境为河流相或是湖相。我们只能寄希望于化石的鉴定，尤其是淡水软体动物的化石。

从地图上看，敖兰卓雷、多什和德巴图的沉积区域地势海拔比二登图化石的砂岩层要高。在已知信息最多的敖兰卓雷地点，化石产于泥质的砂岩或砂砾岩层，没有一个与脊椎动物化石伴生的淡水壳类化石。沉积物可能形成于干旱环境，雨季的泥流洪积。

如果这一推断正确，那么敖兰卓雷沉积环境就比二登图的砂岩要干旱，后者的河狸化石比前者更常见。德巴图的鸵鸟蛋化石比二登图地点的多，如果当时二登图为古湖环境，就与现在的环境差别很大，现在只有小的咸水湖和开阔草地。我们只能等古生物学家对脊椎动物化石和软体动物化石的鉴定研究，以解开二登图沉积环境之谜。我们将据此提出新的问题，决定新的野外研究地点。

在描述奥兰地点象类化石的砂岩时，我提到有一个窄的陡峻的小褶皱层，其上下层为规则的水平产状，这又可以解释为水平滑移变形的结果。与 Grabau 博士所说的二登图古湖的砂砾岩沉积类型一样。

这个解释如果是正确的，那么奥兰地点的沉积亦为古湖环境，而且是更新世时期的。这同时表明，内蒙古在更新世时期有广泛存在的水体。当然，奥兰地层的时代目前只是推测，调查过于仓促，证据还不足，也没有淡水壳类化石产出。这些关于地层沉积环境的推论，希望能为将来的研究者提供一个参考。

中国的鸵鸟蛋化石

序言

哈佛大学出版的杂志《比较动物学博物馆通报》在 1898 年 32 卷第 7 期，C. R. Eastman 报道了在中国北方发现的非常大的鸟蛋化石，论文题目为《中国北方的鸵鸟蛋化石》，产地离张家口不远。文中提供了详细的标本描述，将其鉴定为 *Struthiolithus-chersonensis*，正型材料发现于俄罗斯南部的 Cherson，于 1857 年由 Brand 描述命名。

另外一件 *Struthiolithus* 标本于 1915 年在河南发现，后来被出售到美国自然历史博物馆。1917 年，有一篇简短的报道来记述这件标本，发表于《美国博物馆杂志》第 17 期第 6 卷 421 页，

1919 年，本人在《在中国找寻龙骨》一文的《远东评述》中提到，接触过的鸟蛋化石标本有 15 件，其中有一部分做了测量，大小从 173 - 186 毫米长，比现生的鸵鸟蛋要大。这些已灭绝的中国鸵鸟具体的生存时代还没有过研究，很有可能产于黄土中。P. E. Licent 在两篇手记《甘肃东部的化石挖掘》中提到，在众多的哺乳动物化石当中发现了大鸟的鸟蛋化石，最初曾把他们误认为陶器的碎片。最近，Bensely 报道了在河南最南部发现的 *Struthiolithus* 标本。这些散布于科学刊物上的报道是迄今为止开展的有关中国脊椎动物化石的研究中最有趣的部分之一。

毫无疑问，在很久以前，当地的农民老乡已经发现这些鸟蛋化石，夏季的雨水也可能将这些化石冲出来暴露于地表。我一时之间无法搜寻并确定是否在中国的文献中已有这方面的记载。但值得留意的是，在北京紫禁城的艺术博物馆，乾隆皇帝的收藏当中有一个 *Struthiolithus* 蛋化石。

我和助手一边收集脊椎动物化石一边开展研究工作。在最后的四年中，我们收集了一些 *Struthiolithus* 化石。这些我所收集的材料目前在乌普萨拉的 Wiman 博士那里，他与助手正拍照并研究这些材料。就鸵鸟蛋化石而言，除了 Wiman 之外，还有其他人在研究和报道不同的标本。因此我计划把这些数据汇总在一起，以供 Wiman 博士和其他对此类研究感兴趣的人作参考。

1921 年 4 - 5 月份在河南考察期间，我得到了期盼已久的机会调查这些鸟蛋化石的产地。

在以下的介绍中你可能会留意到，*Struthiolithus* 化石在中国出产的时代仍然是模

糊和复杂的。我希望下边的记述能有助于解决这些问题。也很想知道当我和 P. Licent 所收集的这些标本被 Wiman 博士和他的助手 Boule 研究之后，其结论是否与我的这些断断续续记录的并不完整/善的野外观察结果一致。

可能及确定产自黄土的 *Struthiolithus* 蛋壳化石

下面是我所有野外记录的汇总，也包括几篇关于鸟蛋化石的文章的观点，这些化石有可能或者确定是产自黄土。按照当时的地质调查顺序，首先从山东开始。

第 1 个地点，山东省章丘县的沙湾村

距离山东铁路枣园站 16 公里。1919 年在这个地方，一个当地老乡告诉我的助手姚忠和，说七年前农垦的时候在地表下 5－6 尺深的地方发现了 4 枚鸟蛋，可能是一窝。其中两个被完整取出置于家中，老乡觉得没有什么价值，就用来做油罐的塞子。但是，家中的小孩拿这些化石玩耍，把两个都搞破了，我们只能得到一些蛋壳的碎片。

1919 年 4 月 1 日，当姚忠和与向导访问这个村子的时候，发现者本人和其他的村民述说了上面的经过。随后我与姚忠和，及山东矿业协会的曹先生和另外两个士兵去了沙湾村。但是情况发生了变化，尽管我们很礼貌的询问这些鸟蛋化石，发现者本人说不知道这事儿。然后，迫于我们坚持要看化石的压力，他展示了家中的鸟蛋化石，但说是他爷爷很多年以前发现的。他们称这些碎片为龙蛋化石。其他的村民也都很保守，可能是因为惧怕此事会牵扯土地测量，影响到家族的墓地。

由于不能获得更多的信息，仓促的看过地点后我们迅速的离开了。沙湾村处在一个洼地当中，四周被石灰岩的山丘环绕，山坡上覆盖普通的红色粘土，有可能是上新世的沉积。产鸟蛋的化石的地点位于村北小路的西侧。山上的岩石是奥陶纪的灰岩。沿着山坡往下，在农田的周围，我注意到了有凝灰质的灰岩，主要是白色的，但也有红色的，其时代很有可能是上新世。

如图 14 所示，凝灰质的灰岩上覆薄层的砂砾岩，后者的上方是红色的粘土，最晚的沉积是黄土，但颜色偏红。我们无法确定产鸵鸟蛋化石的具体层位。

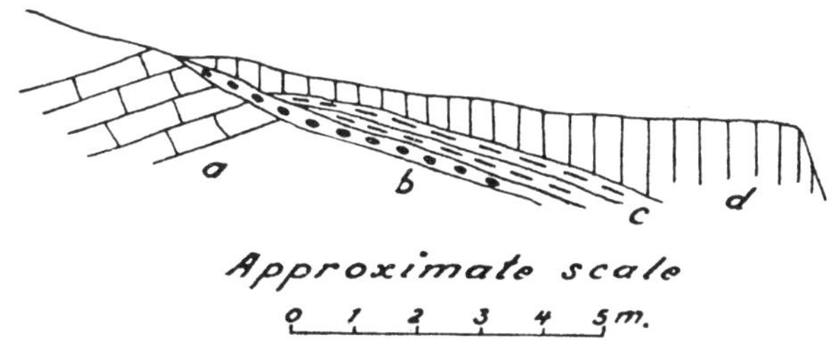

第十四图　沙湾村剖面图

（a）泥质灰岩　（b）砂砾岩　（c）红土　（d）黄色红土

第 2 个地点，直隶（今河北省）新宁县（今阳原县）姚家庄

鸵鸟蛋化石标本受到科学界广泛关注，因为这是在中国关于此类群的首次报道。J. H. Robert 把这个地点的鸟蛋化石带到美国，卖给了哈佛大学的博物馆。Eastman 于 1898 年将此标本的研究结果发表于哈佛大学出版的《比较动物学博物馆通报》第 32 卷第 7 期，我们最早关于中国鸵鸟蛋化石的了解主要是通过这篇文章获得。Eastman 对当时发现这些标本的情形记录如下：

“大概 4 -5 年前，一个农民老乡在 6 米高的泥坝基部干活时挖到一对他们所说的“龙蛋”化石，一个破损，一个完整。他把完整的一个带到张家口卖钱，展示给当时美国的工作人员 William P. Sprague。当时另一个工作人员 James H. Robert 也在，他曾在中国呆了许多年，去年春天又来了。他以前者的名义将标本带回美国，计划出售给一些研究机构。最终，哈佛大学的比较动物学博物馆收购了此标本，现收藏于此处。William P. Sprague 的当地雇工认识发现标本的农民老乡，知道他来自姚官庄，是西宁县的一个小村，位于张家口西南约 50 里处。其实直线距离更近，因为中间有很多山。Sprague 随后拜访了发现者和化石产地”。

Robert 已经退休，现美国生活。他在 1919 年 2 月 17 号的回信交流中对当时的情景记录如下，与上述 Eastman 文章中提供的并不完全相同：

“鸟蛋化石在 1895 年的秋天被宣化县的一个农民老乡发现，地点在井口塔附近，宣化县城西南方 125 里，化稍营镇西北 8 里处。当地农民把发现的鸟蛋化石带到张家口，以 300 元的价格卖给了 Sprague，相当于当时美国金币的 18 分。据老乡说，当时他在泥坝基部附近挖坑，在地面下大概 20 尺的深度发现了鸟蛋化石，其中一个已经破损。”

为了弄清此事，我给 Robert 写了另一封信，在 1921 年 9 月 11 日收到回复，信中绘制了发掘地点的草图。结合这个草图，我把内容重述如下：

“姚官庄有可能是姚家庄的讹传，那里确实有一个小村子叫姚官庄，但是我认为与化石产地没有关系。我之前的厨师金全泰是对了解这件事情很重要的一个人，据说现在仍然活着。他生活在二马坊村，距离化稍营镇 2 里路，发现鸟蛋化石的人是他的连襟，同时也是张家口公理会的信徒，但后来因为一块地的原因，他转去了天主教会。”

张家口公理会的 Charles S. Heiininger 先生在 1921 年 8 月 27 日写信说：金全泰住在二马坊村。他也很熟悉发现了鸟蛋化石的人，尽管现在记不清楚这个人的名字。

“通过信封当中的地图，你能够看到在西宁县和宣化县的交界处有两个村子，一个是井口塔村，一个是姚家庄村。我没有办法说清究竟化石发现于哪一边，但我认为发现化石的地点可能距离姚家庄更近。井口塔距离宣化县城 125 里，距离

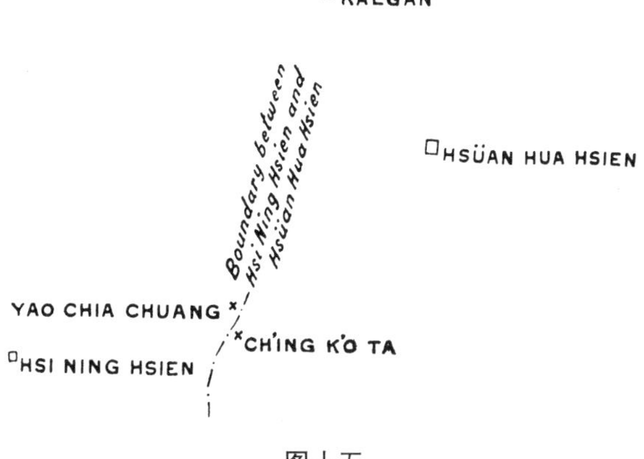

图十五

化稍营镇西北有 8 里。鸟蛋化石在姚家庄附近发现，向南约 10 里为井口塔村，前者属西宁县，后者属宣化县管辖。”

第 3 个地点，直隶省（河北省）井陉县煤矿

我的助手姚在 1919 年 5 月份来到这里，从一个矿工那里收购了一小片儿蛋壳，其发现于 10 天前。刚发现时，鸟蛋化石是保存完整的，但是有一个好奇的人在看时不小心弄坏了。发现地点距离矿井口不足 50 尺。当时矿工在挖掘黄土填埋矿井，化石发现于距地面约有 10 尺深的地方。周围只有黄土，没有砂石。

第 4 个地点，直隶省（河北省）曲阳县的口安村

1919 年 9 月，一个古董商将一个鸵鸟蛋化石带到我在北京的居所，是我所见过的鸟蛋中最大的一个，其长度 186 毫米。当时说化石产于山西太谷县。但第二天又说产于曲阳县的口安村。这两个矛盾的说法让我对标本的产地有了疑惑。但也有可能，其中一个地点是化石的产地，而另一个地点是化石中间商的居住地址。

据说当时有 2 枚鸟蛋化石被发现，都是被水冲出暴露与地表的，但其中一个破损。

第 5 个地点，山西五台县羊台庄村

1919 年 1 月，有人带了一件鸵鸟蛋化石到北京，价格很高，我没法购买，好在他们允许我拍照测量。据说化石发现于羊台庄村，据五台县西北 13 里。化石的表面沾了红色的黏土，有一些地方石化的非常硬。

第 6 个地点，山西省平陆县梁家滩村

在山西运城一个瑞士传教士 A. Berg 的帮助下，我收购了两枚鸵鸟蛋化石，一个完整，一个破损。据说完整的鸵鸟蛋化石在 1919 年发现于梁家滩村东 1 里处，距离黄河 1.5 里，在地面一尺深的大坑里边儿发现的。刚开始第二个蛋化石也是完整的，但在去运城的途中破损。他的产地和发掘过程并不是太清楚，但两个化石是同一个

人带过来的，有可能产自同一个地点。

第 7 个地点，河南省武安县（现划归河北省）

这个地方有 2 枚鸵鸟蛋化石标本被居住在当地的传教士收购，传教士名叫 Harold M. Clark，其中一个标本被 B. A. Bensley 研究发表在多伦多大学 1921 年第 19 期的研究报告生物学卷本，文章名为《*Struthiolithuschersonensis* 的蛋化石》，内容如下：

关于那个鸵鸟蛋化石标本，据 Clark 先生说，标本从当地的一个朋友那里收购，这个朋友收集和出售古董，没有准确的产地信息。起初可能由譔胡村的村民发现，村子位于河南省最北部，与河北省交界的地方。后在义城村的集市上转手给该村一个有钱的亲戚，两者大概相距 10 里远。Clark 先生购买这件标本之后，才得知这个村子有一个非常大的鸟蛋化石，正是他购买的这个。据说 Clark 先生获得了第二件标本，但不清楚是否是同时购买的。

另外一个传教士 R. H. Bruce 先生与 Clark 先生住在同一个地方。有一次我到访时刚好 Clark 先生休假，Bruce 先生补充了如下信息：

我只知道鸵鸟蛋化石发现于义城村的邻村，义城村是一个有集市的小镇，距离县城 40 里。据说化石是被大雨从坝上冲出来的。

根据 Bruce 的说法，两个鸟蛋化石产于同一个地点。

第 8 个地点，河南郑州

郑州位于京汉和陇海铁路在河南交汇处。1918 年 12 月路过此处的时候，我在传教士 A. C. Louthan 博士的家中见到了一个鸵鸟蛋的标本。他很友善，同意我对这件标本进行测量。

根据 Louthan 博士所言，鸟蛋化石的发现地点距离郑州不远，是挖井时发现的。除此之外没有更多具体的信息。

第 9 个地点，河南省河阴县汉王城村

1922 年 5 月，我的助手白先生收购了一个完整的鸵鸟蛋化石，地点在河南河阴县汉王城村，位于县城东北 12 里。具体的地点位于汉王村东 4 里，被称为磨棋岭的地方 .

第 10 个地点，河南省汜水县

地质调查博物馆于 1919 年收购了一个 *Struthiolithus* 蛋化石，售卖者对化石产地的表述如下：

1917 年 1 月份，他们在邙山发现了这个化石，然后拿去北京售卖，大约在 1918 年 1 月份的时候，又在邙山南坡距地面 30 尺的地方挖出 2 枚蛋化石。其中一个现在郑州，另外一个被带去了北京。邙山位于汜水县城南 10 里。

第 11 个地点，河南巩县的赵沟村

1921 年 5 月在黄河边儿考察的时候，有人告诉我，在赵沟有一个完整的被当地人称为“石蛋”的东西，我们到访后收藏者展示了这件化石。化石发现于 20 年前，当时在村下边儿的黄河里漂浮着。

赵沟村位于台原上一个窄的峡谷里，谷口向北与黄河相对。黄土堆积在谷的两边儿延伸，在河岸上形成了陡峭的崖壁。鸟蛋化石很可能是从黄土崖壁上冲下来落入河中。当地的村民认为这件从黄河上飘下来的化石非常重要，他们要求支付 100 美元，他们很礼貌的拒绝了我 20 美元购买的想法。化石是村里边的共同财产，他们想用这笔钱修建一座祭祀用的庙。有趣的是，这个化石的发现方式与当时在俄罗斯发现 *Struthiolithus* 正型标本时的情形是一样的，化石也被发现漂浮在河水中。

第 12 个地点，河南省新安县蔡家庄

在这个村子，我收购了一枚完整的鸵鸟蛋化石。蔡家庄位于一个北向南延伸的沟谷的东岸。有一个小的沟谷从这里向东延伸，其北岸发现了鸟蛋化石，距发现者刘长的住处东北方向约 100 米。当地人为了建房子和种田会在周围挖土。化石发现于挖出来的垂直的陡坎上，其上是约 2 米厚的灰色的黄土，其下是约 2 米厚的偏红色的黄土样堆积。

有 2 枚蛋化石，其中一个在发掘过程中破损，完整蛋化石表面有黄土样的结痂物。

第 13 地点，河南新安县下谷峪村

1921 年 4 月在新安县逗留期间，我被告知在下谷峪村有“石蛋”，村子距新安县东北 20 里。我去拜访并得到如下信息：

村子位于一条小山谷的北边，南边是红色砂岩形成的陡崖，北坡较缓，有黄土覆盖。黄土陡坎高 6 –7 米，其最下部的沉积颜色偏红。2 个蛋化石大概是十年前为了盖房子挖土时发现的，周围是黄土样的沉积物，距地表 10 – 15 尺深。其中一个在挖掘时破损。他们的要价非常高，所以我仅仅是做了测量之后就离开了

第 14 个地点，河南新安县东皇女院村

此处位于新安县城南约 15 里，有大量的碎片，化石点在村南 3 里的任坑沟。

第 15 个地点，河南渑池县

标本现存美国自然历史博物馆。博物馆的馆长 F. A. Lucas 博士在 1919 年 11 月 12 号的来信中，介绍了这件标本的情况：

我们的标本是从 Peter Bahr 先生那里收购的，他在中国待了很长一段时间收集艺术品。据他所说，这件标本 1915 年 1 月发现于河南渑池县（与“陕西”省交界），这件标本当时出露于黄河岸边（Lucas 博士所说的“陕西”，应该是指的是与

河南渑池交界的山西省，而不是距离渑池县很远的陕西省）。

第 16 个地点在河南渑池县凤鸣坡村

此处位于渑池县北 22 里。我从 M. Ringberg 那里收购了一个鸟蛋化石。1921 年 4 月，我有机会去到鸣坡村化石点。化石发现于村东 2 里的地方，在一个非常窄的南北向延伸的冲沟里，沟口向渑池平原。发现化石的地点位于冲沟的最北边儿靠上部的位置，距地表约 17 米深的地方。冲沟出露黄土样的沉积，在其底部有钙质胶结层，除此地以外，在其他地方没有发现。这里的黄土样堆积有颜色的变化，在化石层位发现有陆生壳类。

第 17 个地点是河南渑池县郭峪沟

1921 年，在渑池县的古董店里，我收购了一个破损的鸵鸟蛋化石，店主告知化石产于郭峪沟村。几天之后，我到访那里，位于渑池县西北 10 里处。

发现者于 1917 年在挖掘储物用的坑洞时，发现了 2 枚鸟蛋。一个位于坑洞的中部，距离地表 4 米，当时是完整的，在挖掘过程中破损了，就是我买的这一个。另一个鸟蛋的碎片在洞壁上，至今依然在。我很高兴能第一次看到原位保存的 *Struthiolithus* 化石。毫无疑问，这些化石产于黄土中。蛋壳发现于洞内 1 米深处，距地表 5 米。这个蛋破损于埋藏之前，散落在周围的黄土中。我在发现鸟蛋的黄土周围收集了很多的陆生软体动物化石。

第 18 个地点，河南省渑池县仰韶村

在《中国地质调查通报》第 5 卷《中国早期文化》一文中，我提到在渑池县广泛存在新石器时代的遗址。在一片 600 米长 500 米宽的区域内，我们在第三纪红粘土和局部的黄土上上发现了 1 –5 米厚的文化层，其中发现有石制品、骨骼碎片以及大量形态各异的陶器碎片。

1922 年春天，我的助手在发掘文化层收集工艺品和陶器时，在一处典型的灰烬土中发现了 83 片鸵鸟的蛋壳化石，其中一片长度达到 69 毫米，但是大部分都比较小，有一些粘在一起。很有可能这些碎片是一枚鸟蛋破碎而成。这些发现又牵扯出衍生了许多重要问题。助手白先生坚持化石碎片产于灰烬层，而灰烬层是典型的文化层。助手白先生非常熟悉这些地点和沉积物，他的话不会有错。

这样我们只能假设仰韶地区的先民能够得到鸟蛋，并把他们打碎。有两种可能性：其一，*Struthiolithus* 在仰韶文化层形成时还没有在此地灭绝，鸟蛋被猎获，蛋壳碎片被丢弃；其二，新时期时代的仰韶人像我们一样发现了 *Struthiolithus* 的化石。

基于以上关于化石产地的描述和以下将要展开的内容，我认为鸵鸟蛋标本可以作为黄土中的特征性化石。只是目前掌握的数据还不足以对黄土沉积的准确时代做出推断，但产于中更新世时期的可能性最大。这在西欧相当于旧石器时代。

从旧石器时代开始到新石器时代结束是一个相当长的历史时期。像亚洲鸵鸟这样一种古老的鸟类不太可能一直延续到旧石器时代结束，即便黄土高原的地貌在仰韶文化时期广泛发育，而且可以确定此地产出灭绝较晚的豪猪的化石。

对仰韶文化发掘点周围的调查发现，仰韶文化地层沉积形成之后，周围的黄土才被大的冲沟切蚀。如此以来，仰韶先民在冲沟的陡坎上发现鸵鸟蛋化石的可能性就变得非常小。然而，基于化石曾在仰韶村地表下非常浅的黄土中发现，其在仰韶文化时期于小的河道中冲出并被发现也并非不可能。

中国文化的形成发展与黄土地密不可分。很有可能中国先民很早以前就已经开始在手中把玩这一黄土中的指示性化石 *Struthiolithus*。时至今日，紫禁城艺术博物馆中乾隆皇帝私人收藏的 *Struthiolithus* 标本依然令我印象深刻，但那已经是仰韶文化以后很久的事情了。有意思的是，不同时代和不同身份的人对这些巨大的蛋壳化石都表现出了浓厚的兴趣。

下面表格中是中国北方发现的所有的 *Struthiolithus* 蛋化石，分类上都可以归入 *S. chersonensis*，所处地层的时代可能也一样。

我没有对收购到的鸵鸟蛋化石进行仔细的研究。表格列出的标本中，10 号标本现存于中国地质调查研究所的博物馆，16 号转交给了 G. D. Wilder 博士。其他标本都用船运到瑞典乌普萨拉交给了 Wiman 博士，他和助手将仔细的描述和研究这些标本。

表格中列出的部分化石没有收购，但很感激化石持有者愿意让我测量这些标本，包括 5 号、8 号、11 号和 13 号标本。所有我能测量的标本数据都列在了表中，也包括另外两人研究过的标本，即 2 号和 7 号。

表格中提供了所有 12 个产自中国的鸟蛋化石的测量数据。在下一个（原文第 70 页）小的表格给出了这些测量值的平均值、最大值和最小值，包括产自俄罗斯的 *S. chersonensis* 正型标本的测量值，以及其他一些现生鸵鸟蛋（*Struthio camelus*）的测量值。从表格中不难发现，中国产的鸟蛋化石尺寸大小与俄罗斯的正型标本一致，但几乎每一个测量值都比现生鸵鸟蛋大。很有可能，这些鸵鸟蛋化石所属的个体也比现生的鸵鸟大一些。

在原文第 69 页的表格中，我列出了每次发现时鸵鸟蛋标本的数量。其中有一次是发现 4 个标本在一起，有 7－8 次是 2 个在一起，有 9 次是只有一个鸵鸟蛋标本。应当注意的是，在只发现一个鸵鸟蛋的 9 次记录中，对当时发现的情况我们知之甚少，很有可能不止一个鸟蛋被发现，只是没有留意到。因此，我们可以推测每一次发现都有一个以上的标本。这是一个非常重要的信息，化石发现地点有可能是鸟巢所在地，因为各种原因，鸟蛋没有完成孵化。另外一个显而易见的现象是，几乎上所有的鸵蛋在发现时都是完整的，只有 17 号标本在发现的时候已经破损了，其他都是发掘过程不够小心而破损。令人惊奇的是这些空壳的鸟蛋居然能够承受周围黄土的压力。很有可能它们是在沙尘暴时被掩埋，风成沉积的温和的沉积环境使得其能够完整的保存下来。同时，几乎所有产于上新世河流相沉积物中的鸟蛋化石都是破损的。

以上讨论的鸵鸟蛋化石都产于黄土当中。在原文第 69 页的表格中有关于沉积物和沉积环境的相关信息。其中，有几次发现的鸵鸟蛋化石的沉积环境比较特别，是在偏红色的黄土或者是黄土一样的沉积物中。但是有 3 个地点，我可以确定鸟蛋是在黄土当中发现的，尤其是 17 号标本，我们在典型的黄土当中发现了鸟蛋碎片。

以上调查结果足以说明，*Struthiolithuschersonensis* 是黄土动物群的成员。黄土中脊椎动物化石非常少，我们不妨将鸵鸟蛋化石作为黄土的特征性化石。

三趾马动物群的鸵鸟蛋化石

第 1 个地点，山西保德县

1921 年 1 月 11 号，我收到了 Wiman 博士的来信，他提到在 30 号地点三趾马层的化石中发现了有趣的材料。30 号地点位于黄河岸边山西省西北部保德县的戴家沟村，这个区域以出产中药用的龙骨而闻名。三趾马动物群的化石保存得非常好，我的助手张收集了非常多，并交给 Wiman 博士进行研究。在这些化石当中，有一个带有围岩和骨骼化石的泥板，清理之后发现其中包括了一件鸵鸟的腰带。迄今为止该●域还没有报道过鸵鸟的化石。O. Zdansky 博士因此去保德县做了认真的考察，但也没有发现什么。由此，鸵鸟骨骼化石在此区域非常少。

第 2 个地点，甘肃庆阳县

1920 年 8 月 29 日，在“北京政府”一文中，著名的法国博物学家 P. E. Licent S. J. 报道了非常有意思的古生物学发现。在甘肃最东部，距离庆阳县城北 45 公里的辛家沟，PéreLicent 发现了一处非常丰富的的化石沉积点，对其进行了细致而出色的发掘和出色研究。他把此地产的大量哺乳动物化石发表在《中国第四纪动物群研究》一文中。文章题目表明，作者认为该动物群生活于第四纪时期。

文中提到，作者认为在这些标本当中有非常早期的人类活动的证据：有三个不同的陶器碎片，硬而薄，表面没有纹饰其中一个碎片显示有 15 厘米长。碎片出现时夹杂在一些骨骼化石中。

文章发表于 7 月 17 号，当时发掘仍在进行。8 月 20 号发掘工作结束时，PéreLicent 写了关于这个地点的第二篇报道，我拿到并拜读了。文中进一步介绍了这些可疑的碎片：在化石骨骼之间发现了一些新的疑似陶器的碎片，但是由于缺少陶器上常见的手柄和陶器底部的纹饰，其性质存疑，但能被盐酸溶解。

在文章的脚注中，作者增加如下的提示：这些陶器碎片可能是大的贝壳。PéreLicent 的这一提示说明，他发现了这些标本的可能的性质。在 1920 年 10 月 18 日给他的回信中，我写到“这些你怀疑是陶器碎片的标本很有可能是鸵鸟的蛋壳化石”。1921 年 6 月，PéreLicent 以善意地邀请我去参观他在天津实验室的收藏，我很荣幸能有机会指引研究如此之多精美的标本。在这里的观察明确了两个问题：1. 鸟蛋化石的碎片与 *Struthiolithus* 非常相似；2. PéreLicent 收集的大哺乳动物化石属于三趾马动物群的成员。三趾马化石很丰富，其他化石也与我们在河南和山西收集的标本相同。

PéreLicent 第二篇关于庆阳辛家沟化石的文章中提到了第二个地点，即赵家岔，并给出了两个地点各自的地层剖面描述：

辛家沟：

可耕土

黄土，含有小的钙质结核，层厚 8 米

砂质泥岩，呈微黄色或者微绿色，层厚 8 米

砂质泥岩，黑色，层厚 5 米

砾岩，钙质胶结，局部表面有黑色，卵圆形，直径 25 厘米，层厚 3 米

红土，表面硬度不一，有钙质的被当地人称为“白胶泥”，层厚 4 米。

化石层，层厚 2 米

红土，未见底

赵家岔：

黄土，底部颜色黑被称作“黑胶泥”，层厚 15 米

砂岩，呈微黄色或微绿色，层厚 2 米

砾岩，钙质胶结，层厚 1 米

红土，层厚 2 米

化石层，厚度接近 1 米

红土，厚度未知

砂岩，紫红色，厚度未知

很明显，两个地点的地层剖面高度相似。我尝试将他们的地质剖面图进行比对，并推测不同层位的地质时代。

在两篇文章当中，PéreLicent 都提到鸟蛋化石发现与“骨骼化石之间”或“骨骼化石当中”。我对此地所产大哺乳动物化石的坚定结果为三趾马动物群的成员。

PéreLicent 所描述的蛋壳碎片与黄土中所发现的 *Struthiolithuschersonensis* 不同。我对 PéreLicent 收藏的初步观察只发现其与 *Struthiolithus* 非常相近，更多的研究将由巴黎的 M. Boule 教授完成，以弄清这些蛋壳碎片的分类位置，并从地层的角度来讨论蛋壳碎片与 Wiman 教授鉴定的似鸵鸟样化石（产于山西保德的三趾马层的腰带骨）的关系。

第 3 个地点，山西兴宁县。(该地点存疑)

1919 年 12 月，我的助手刘在山西南部兴宁县，距离县城 2 里的潘桃坡收集到一些标本，分为三个类型：

第 1 类，大的马的牙齿和一些大的肢骨，部分发现于微红的黄土样泥岩，局部呈棕色。第 2 类，大量的鸵鸟蛋碎片，有一些碎片表面粘了黏土样的硬痂。壳表面的围岩与第 1 类马牙和肢骨上的围岩相同。第 3 类是大量小的啮齿类的牙齿和骨骼，表表面附着的围岩性质与以上 2 类相同。

我的助手谈到，第 1 类骨骼化石发现于地面以下，第 2 和第 3 类的标本发现于潘桃坡陡坡的地表。沉积物的性质可能是偏红色的泥岩，也可能是红色的黄土。

由于化石没做研究鉴定，目前无法判断这次发现的意义。正如发现者所说，蛋壳碎片化石的发现层位比较高，时代可能比第 1 类中的牙齿和骨骼化石晚。此处的蛋壳碎片化石，可能与 *Struthiolithuschersonensis* 的相同，时代应该是黄土沉积时期。另一种可能，这些蛋壳碎片是三趾马动物群的成员，那就必须将其与甘肃东部三趾马层位中的蛋壳化石进行对比，而不是与黄土中的对比。

第 4 个地点，蒙古的似 *Struthiolithus* 蛋壳碎片

我在《内蒙古的脊椎动物化石》一文中描述了一些蛋壳碎片，将他们称为似 *Struthiolithus*。

这些化石发现于内蒙古的哈伦乌苏区域，包括二登图，敖兰卓雷，多什等地。在敖兰卓雷和多什，化石发现于含泥的砂砾岩层。在二登图地区，发现于磨圆较好的砂岩层中，该层有淡水软体动物。与蛋壳化石伴生的是一些哺乳动物群的标志性成员，如祖鹿（*Cervavitus*）、河狸（*Castor*）等，还有非常多的小的啮齿类。这一动物群有可能在时代上与三趾马动物群相同。

这种类似鸵鸟蛋碎片的标本在发现时几乎都是一些小的碎片，只有几厘米长。毫无疑问，属于一种大鸟的蛋壳碎片。在某种程度上我们可以确定，蒙古产的蛋壳碎片厚度小于黄土当中 *Struthiolithuschersonensis* 的蛋壳。我因此认为，蒙古的标本可能属于一个相对小型的鸟类。

A
B
冲積統
Pleistocene
含三趾古馬地層
Hipparion bed
黄土
Loess
黄綠砂層
Yellowish green sand
黑砂土層
Dark sandy soil
灰質礫石
Calcareous gravel
紅土
Red clay
骨層
Bone bec
直面縮尺二百分之一
Vertical scale 1:100

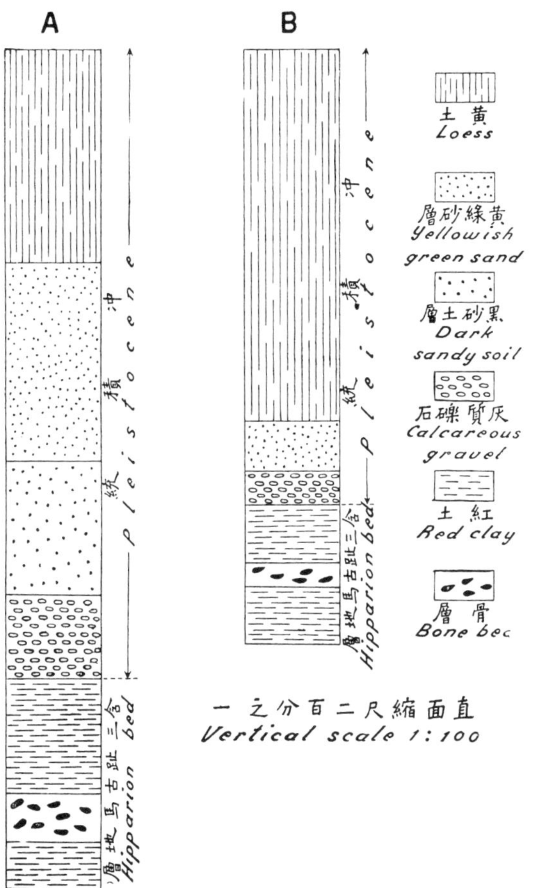

图十六

内蒙古五个泉的灰质软泥和含水石

内蒙古的夏季考察接近尾声，我于8月10－20日在瑞士蒙古大使J. Eriksson的陪同下向张家口西南100公里处进发。在16号由鱼河向南考察白敖包煤矿的途中，当地蒙古人提到附近一个著名的称作五个泉的地方，距离去白敖包的路5公里。

泉水所在地距离另一条小路仅几百米的距离，一路伴行的是从灰岩山丘上流出来的一条小溪。泉水周围砌有矮墙，后边是一个小的神龛。泉水出口有5个，被当地居民用小石块儿分成5片区域（如图17所示）。泉水从地下喷涌而出，一波接一波。据说5个出口的泉水味道不同，我尝了之后发现，其中至少有2个或者3个出口的泉水有不同的味道，有一个非常的酸涩。很遗憾，我没有更好的办法检测这些水，也没有带回样品，因此无法准确知道这些令人印象深刻的泉水的矿物成分。从泉口流出的水通过一个细流进入旁边的小溪，泉水比溪水要冰凉很多，尽管两者仅相距几十米。

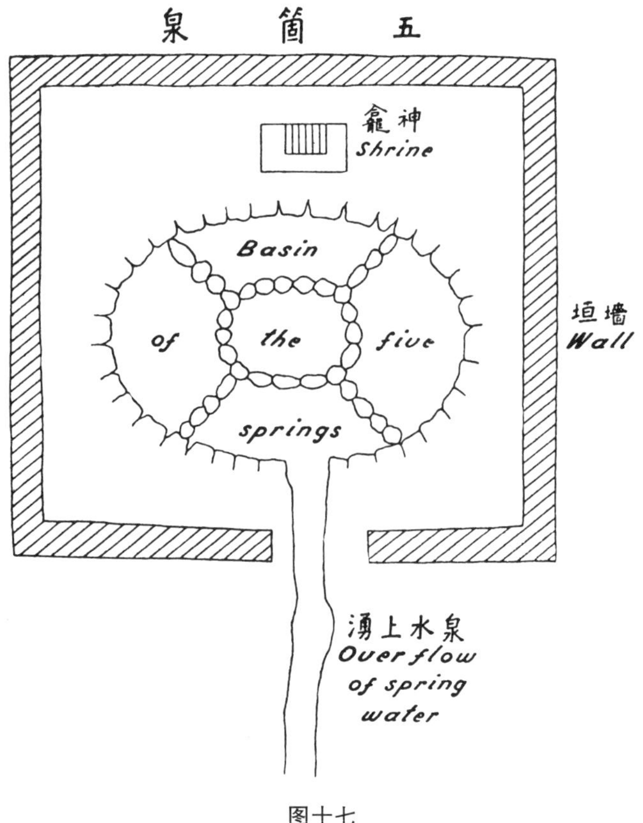

图十七

就地质学角度而言这是一个特殊的地点，在泉水出口的周围和内部都有灰质软泥沉积。该沉积物在出口周围形成3－3.7米高的陡岸，呈类白色，其中含有大量小的淡水软体动物的壳。大部分的灰质软泥都具有显著的层理结构。软泥最大厚度3.7米，内有非常丰富的软体动物的壳。

相当一部分曾经在泉水出口周围连续沉积的灰质软泥被当地村民挖出运走，用作种田的肥料。但是，如剖面图和地图所示，周围的沉积环境表明，有更多量的灰质软泥被溪流冲蚀而去。

从现在此处的情况看，泉水出口之前被盖在这些灰质软泥的下边几米深的位置。当讨论泉水是如何从灰质软泥沉积中涌出时，我们也应该考虑一下泉水是否与灰质软泥的形成之间有实质性的联系。很有可能灰质软泥沉积的区域曾是一个由泉水形成的水塘，有非常多的软体动物，底部软泥不断沉积。搞清楚泉水的矿物成分也许能帮我们理清泉水与灰质软泥沉积之间的关系。但是，我们的考察太过仓促不可能搞清楚这些沉积是如何形成的，上述讨论只是模糊的猜测。

不过，如果我的推论是正确的，泉水周围确实曾有一个水塘，随后出现的小溪是侵蚀周围灰质软泥的重要因素。有可能这些沉积物的变化也与气候环境的变化有关系，希望软体动物的研究能够有助于理解这一变化过程。

除了灰质软泥之外，此处有另一种类型的碳酸钙沉积物，即含水石。他在小溪北岸一个转弯处发育较好，溪流对面和周围是灰质软泥沉积。含水石质地比较硬，颜色呈灰白色，经常呈葡萄状结构，里边常有植物化石，但保存较差，只有几片叶子可以做具体的鉴定。除此之外，含水石中有大量腹足类的壳化石，可能是蜗牛等陆生螺类，保存很好

含水石沉积一直延伸到灰岩山丘西北面的山坡上，很有可能会继续向上延伸，但是我没有时间对此做过多的考察。

很有可能在泉水周围的这两种碳酸钙沉积物，灰质软泥和含水石是同一时间的沉积。前者代表水下的静水环境沉积物，而含水石是由灰岩小山上冲下来的含有大量碳酸钙的流水参与沉积形成的。我们希望软体动物和植物化石的研究能够提供更多的线索，以解决这一问题。

此次仓促考察获得的信息有限。我必须感谢同行的好友 J. Eriksson 大使，他和我的助手刘一起收集了含水石沉积中的化石，使我能够花更多时间观察灰质软泥。

DEPOSIT OF CALCAREOUS
OOZE AND TUFA
TABON ARSHAN, HSING-HO-HSIEN.
CHAHAR.
縮尺五千分之一
Scale 1:5,000
0
100
200
300m.
北
石灰岩
Limestone
灰質軟泥
Calcareous Ooze
合水石
Calcareous Tufa
神龕
Shrine
泉
Spring
溝壑
Ravine
灰質軟泥之峭壁
Cliff of Calcareous Ooze

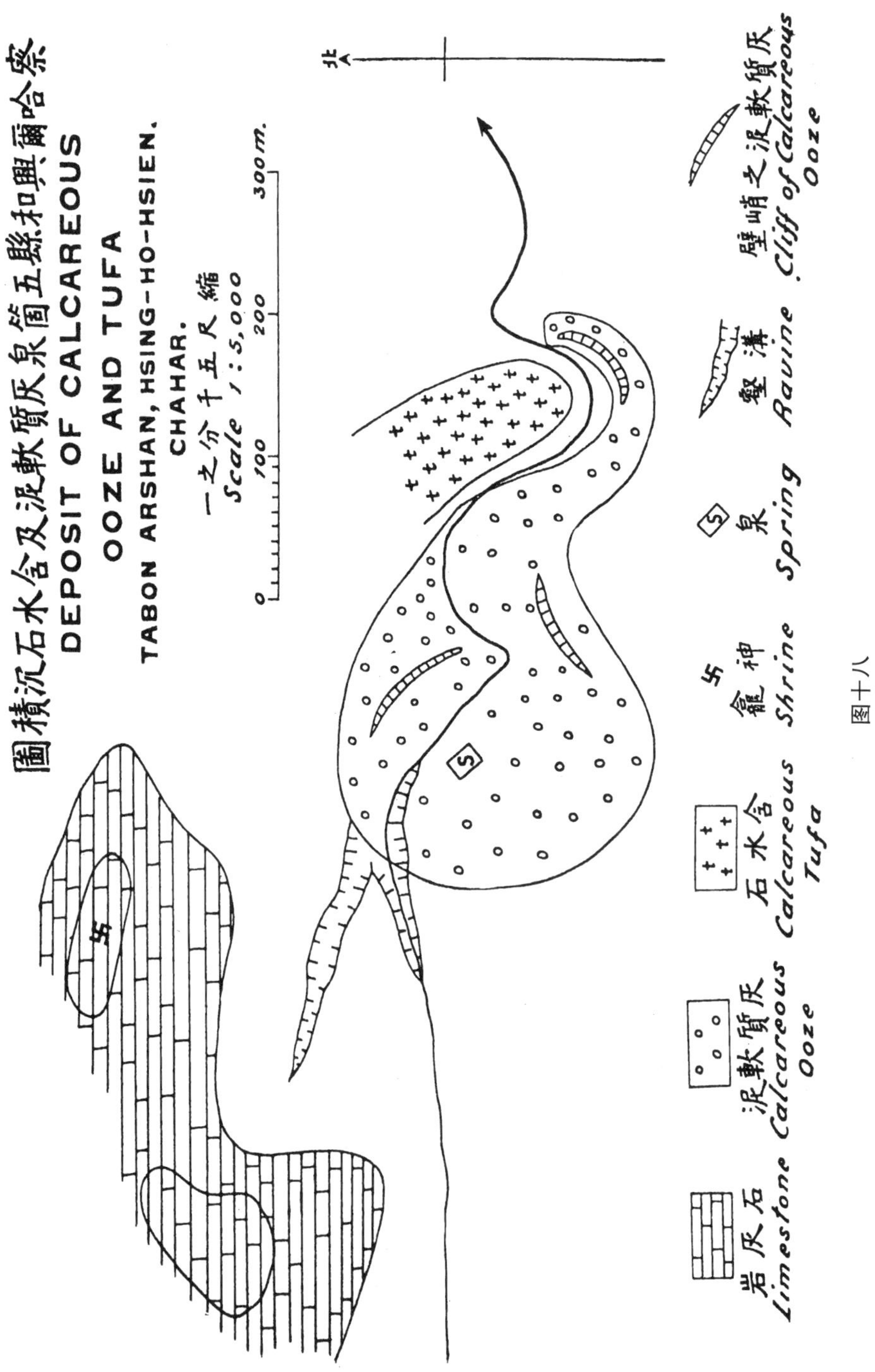

图十八

北京平原的泥炭沼泽

中国目前已知的泥炭沼泽沉积相当的少。但是，在云南的一些地区泥炭很多，当地人用作燃料。Richthofen 曾报道在满洲里南部，当地人在泥炭沼泽发掘煤炭。这是我了解到的中国仅有的 2 处泥炭沉积。

在中国北部的半干旱沉积区域发现泥炭沉积是令人料想不到的事。同时，在北京的开阔平原发现泥炭，以及在都城边上的矿业人士不知道附近正在进行的泥炭开采业，都是令人诧异的事情。

几年前，我的私人助手陈告诉我，在北京东边 70 里的三河县有泥炭的发现，他带给我的样品确实是典型的泥炭。但是迫于工作繁忙，我一直无暇顾及查看三河县泥炭沉积之事。直到 1922 年 5 月，陈带来了一个水牛的头骨化石，这是一个非常重要的发现。北京附近的三河县和蓟县有 3 个地方有泥炭沉积，化石产于三河县的一个地点。

在北京的干旱平原上发现泥炭沉积是难以想象和非常重要的。水牛通常生活于中国南方和中部的富水区，其在北京地区的发现同样令人震惊。

1922 年 5 月 11 – 13 日之间，我和陈一起骑摩托车去考察泥炭沉积，以下是我的调查记录。从北京到通州的路是适合摩托车通行的，但过了运粮河之后的乡间道路骑摩托车就很颠簸。随着靠近三河县城，北边的远山也越来越清晰。可是，最近的山距离县城也有 30 里。我们一路都在开阔的平原上，在少雨的季节随处可见干旱的景象，尤其是一些沙尘较多的地区。

我们首先去了不老淀，位于县城南 7 里的地方。沉积点在 2 – 3 米深的一个洼地里。泥炭是露天开采，周围有很多矿坑我们看到的一个已经挖了 500 米长，向东和向北还各有一个。

正如下面剖面图所示，此处泥炭层厚 1. 5 米，上有 2. 95 米的软泥和黄土。当地人开采泥炭用作染料已经有 15 年的历史。通常是在方形的露天矿坑里开采，从早春到夏天雨季来临，矿坑如果被雨季的雨水灌满通常就会被废弃。在图版 6 可以看到，距离近的矿坑通常连成长而宽的沟。照片中前面的区域堆放泥炭层上方挖掉的废土，后面的区域堆放并晾晒挖出的泥炭，炭堆的大小与他们在干后售卖的价格有关。我不能估算这些泥炭堆的重量，据说每一个大约有 1000 多斤，相当于 600 公斤。这个数字在我看来过分夸大了。

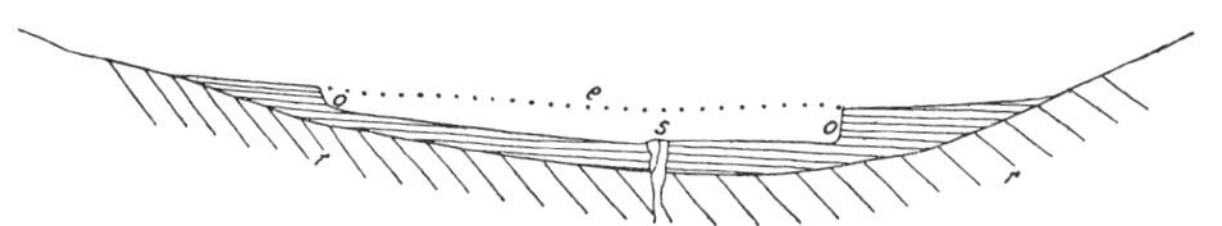

第十九图　五筒泉灰质软泥剖面图

（r）底部岩石　（s）泉　（o）灰质软泥　（e）灰质软泥●舊面

我们到访的时候有 12 个矿坑在作业，大概有 100 多个挖煤工，泥炭销售覆盖可达方圆 40 ~ 50 里。

正如剖面图所示，这个地点泥炭比另外两个地点都要厚，但是据当地人包括不老淀的矿工说，此处泥炭质量不如另外两个地点的好。

不老淀位于北京东 70 里处，三河县城南 5 里处。第二个地点在三河县城东 20 里处的一个最小的村子，村名五百户，泥炭地点在村南 2 里处。

泥炭在此处位于平坦的地表，而不是像不老淀那样的洼地。沉积在有的地方 1 层，约 60 厘米厚，有的地方 2 层，每层约 20 厘米，中间有 30 厘米的其他沉积夹层。煤层上覆沉积物有 1. 8 米厚。

此处的沉积发现及开采的历史有 15 年，比不老淀地点的早。开采多在平行的壕沟中。尽管是少雨的旱季，沟中的水依然对挖掘造成了影响。此地产量较小，工人只有大概 20 个。

第三个地点距离蓟县五百户村东去 20 里，位于蓟县县城西南 25 里，地点叫莫庄子。泥炭沉积区地势平坦，没有洼地，面积很大，西北向 2 里，南北向 2. 5 里，大约有 100 个矿坑，每个矿坑 7 - 8 个工人，共有 700 - 800 个人在这个矿上工作。此处矿藏的发现和开采都最早，有一百多年的历史了。

此处的泥炭厚约 30 - 70cm，上面覆盖层有灰质软泥、黄土和沙岩，厚度在 2. 85 - 4. 6 米。在覆盖层比较薄的地方，砂岩的开采方式与不老淀地点的相同，为露天开采，覆盖层被完全移除。露天开采的矿坑一般是 4 米 ×7 米见方，当一个矿坑的泥炭挖完后就用旁边新开矿坑的覆盖层沉积物回填。对于覆盖层特别厚的地方，他们采用另一种挖掘方式，开一个垂直的比较深的竖井，通过坑道直通泥炭层。

除了上面提到的 3 个地点，当地人告诉我，平谷县一个叫高村的地方也有泥炭。高村位于平谷县城南约 8 里，很遗憾我没能去该地点考察。在图 20 中我给出了 3 个地点的剖面沉积序列，以下对每一个地点的沉积层序做简单描述。

第一个地点，不老淀

1. 泥炭层，或者是软泥与泥炭的混合层，层厚 0. 4 米
2. 泥炭层，1. 25 米
3. 黑色软泥层，底部有大的植物化石碎片，约 20 厘米厚

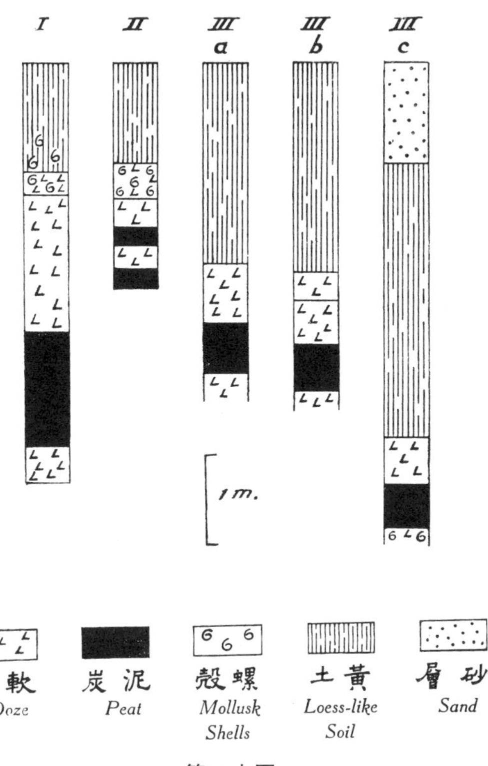

第二十图

4. 黑色软泥层，该层底部有淡水软体动物的壳类化石，10cm 大小，层厚 0.25 米

5. 灰黄色的泥岩，最下部有大量的淡水软体动物的壳，层厚 1.25 米

第二个地点，五百户

1. 下层泥炭层，底不可见，据说很厚，可见厚度约 0.2 米

2. 灰色软泥层，层厚约 0.5 米

3. 上部泥炭层，层厚约 0.2 米

4. 黑色的软泥层，层厚约 0.3 米

5. 灰黄色的软泥层，有少量淡水软体动物的壳，层厚 0.4 厘米

6. 黄土样的土壤，层厚约 1.1 米。

第三个地点，莫庄子

剖面 a

1. 灰色的软泥层，层厚未知

2. 泥炭层，层厚约 0.48 米

3. 软泥层，该层最下部颜色深呈黑色，上部颜色呈浅灰色，含有沙子，层厚 0.65 米

4. 黄土样的土壤，层厚 2.2 米

剖面 b

1. 灰色的软泥层，层厚未知
2. 泥炭层，层厚 0.5 米
3. 灰色的软泥层，层厚 0.4 米
4. 黑色的软泥层，层厚 0.3 米
5. 黄土样的土壤，层厚 2.3 米

剖面 c

1. 黑色的软泥层，有淡水软体动物的壳，层厚未知
2. 泥炭，层厚 0.5 米
3. 黑色的软泥层，层厚 0.5 米
4. 黄土样的土壤，层厚 3 米
5. 砂岩层，层厚 1.1 米

对比不难发现几个剖面的沉积序列相同，泥炭层的上层和下层都是富含有机质的沉积，我们称为软泥层。通常认为软泥层的沉积环境及水文条件要比泥炭层好很多。这些泥炭沼泽的植物群落和具体的水文条件目前知之甚少，有待于古植物学家对我们所收集标本的深入研究。

在所有的剖面，泥炭层上覆沉积物都有黄土样的土壤，有时候是泥质，有时候是粉砂质。在莫庄子的 c 剖面，我们看到其上方是真正的砂岩层。

位于泥炭层或深水沉积物上方的黄土样土壤间或含有砂子，其物源一定来自泥炭沉积地点北边的大山。这些覆盖层的形成可以有两种解释，其一可能与气候环境变化有关系，其结束了泥炭层的沉积，并且使得广泛存在的陆源碎屑沉积物覆盖在水下沉积物上方。第二种解释认为是由人类活动造成。此地平原曾经的水体大部分是沼泽，北边山脉覆盖原生森林，但是人类砍伐了原生森林，夏季的雨水形成急流不断将山上冲积物带到沼泽，导致沉积环境最终发生变化。基于以下关于脊椎动物化石的描述，以及一些沉积物中人工制品的发现，人类活动造成泥炭上方黄土样沉积物的说法更有可能。

我们在上述地点收集了相当量的脊椎动物化石，还有一小部分人工制品。对这些材料详细研究之后，我们就能够对沉积物的形成原因做出推断：其在多大程度上与人类活动有关，或在多大程度上与气候环境的变化有关。事实上，本文的记述只是提供一个详细的野外调查资料，希望对研究者开展实验室的研究工作具有一定的帮助和指导价值。

脊椎动物化石仅在第一个地点常见，即三河县不老淀，部分产于泥炭层的上部，更多的发现于下部。在这些收集的材料中，有一些我们在野外做了初步的鉴定，包括小的偶蹄类，有可能是鹿、猪和牛等，还包括一些食肉类的，还有一些有可能是大的鱼的骨骼。在这些哺乳动物化石收集当中最重要的是一个几乎完整的水牛头骨化石，其在1921年发现于一个矿坑当中，但是现在这个矿坑已经被填埋。我们了解到，出产化石的层位很清楚，产于当地老人说的黑土层，也就是黑色的软泥层，在泥炭层的上部。至于这些发现的指示意义，我们会在对此地点的人工制品研究后进行阐述和讨论。

我们首先来看一下发现的人工制品有什么：

1. 一个小的用鹿角做的箭头，发现于软泥层，在泥炭层的上部

2. 三角形的铜质箭头，有一个非常长的铁质的箭杆（中国古代常见的那种类型）

3. 重的鱼叉样的铁制品

第2号和3号都是发现于软泥层的底部，紧贴下部的泥炭层

4. 宽大的靴子样的铸铁，两侧几乎是对称的，这有可能是一个横向的宽的把手，与木匠现在用的锛有差别（安特生，《中国远古之文化》图版4图3）。锛的轮廓一样但是比较小，是铜制的，发现于软泥层靠上的部位

5和6，铁制的凿子和钩，发现于软泥层

7－10，都是扁的箭头一样的东西，另外两个也有可能是箭头，还有一个小刀。所有这些全是铁制品，发现于黄土样覆盖层的最上部。

11. 轮子样的碗，软泥层

12. 小的陶器水壶，有8厘米高，软泥层，大约在泥炭层上方2尺。这些都是4年以前发现的，陶器水壶发现时里面装满了当时用的钱币，后来都丢失了。

13. 陶器的碎片，边缘上有一些锯齿形或之字形的图案，发现于黄土样沉积物的上层。

7－10号和13号人工制品是发现于黄土一样覆盖物的上部层位，对于确定泥炭沉积的时代没有太大意义。其他的所有标本发现于紧贴泥炭层上部的软泥层，为软泥层的最底部。考虑到这些人工制品第2－6号都是铁制品，或者部分是铁质的，他们的时代不可能早于中国的汉朝。铁制品在中国首次出现于公元几百年的周朝，在汉朝的时候才被广泛应用。

在讨论上述结论的指示意义之前，我们一定要清楚，软泥沉积的前期物质很有可能是黄土样的。一些比较重的金属制品有可能会在沉积过程中落入水底，形成软泥底部的沉积。即便如此，我们仍然可以认定这些覆盖于泥炭上方的软泥沉积物形成的历史时期，应该是早于汉朝。关于泥炭本身的形成时间现在还没有直接的数据

给予讨论，但是很有可能在下伏的泥炭层与上覆的软泥层之间并不存在时间的间断，他们是连续的沉积过程。

现在，我们回过头来讨论一下水牛头骨化石发现的意义。水牛是生活于中国南方湖沼地区的特征性物种，并不适合目前北京平原的干旱环境。他在这一地区的发现最初让我怀疑这个标本的时代应该相当早，有可能是生活在中国北方平原的野生水牛族群，而此区域的气候环境与现在的相当不同。但事实是，在我们随后考察了化石产地地层之后确定，在同一层位发现的铁制品表明，水牛头骨标本时代相当晚。产于同一层位的其他哺乳动物骨骼，包括猪、狗和牛有可能都属于家养的动物，那么水牛也有可能是当时的古人们带到此处饲养的。尽管水牛是一种家养动物，但在如今北京的平原环境中相当少见。结合泥炭和软泥沉积物（这两种属于水环境下的沉积），水牛化石的发现指示，在此区域的历史时期可能曾发生过环境气候的变化。这些推论的证实有待于我们对这一地点化石标本的深入研究

另外两个地点，五百户和莫庄子还没有发现脊椎动物化石，但是这些地方发现了打磨较好的石斧和石凿，这些与我在中国北方所发现的其他石器时代的石制品并不相同。这些石制品据说发现于泥炭上覆层的黄土一样的沉积物当中，有 3 个发现于同一地点，距地表 8 尺深。第 4 个是一个小石凿，发现于沉积的另外部分，距地表 13 尺深。

在尝试把发现于不老淀地点软泥中相对时代较晚的陶器和大量的铁制品，与发现自莫庄子地点黄土上部的石制品进行对比时，我感到混乱且找不到头绪。在上述 3 个地点发育相同的沉积序列和相同的泥炭类型，我们由此推断，所有地点的泥炭是同一时期的沉积产物。可是我们在莫庄子地点泥炭层上部黄土覆盖层中发现了石制品，却在不老淀泥炭层上部发现铁制品，这实在是令人诧异而迷惑。希望对这些标本的深入研究能解释这一沉积物和标本之间的诸多矛盾。

中国北方新生代沉积评述

序言

已知文献中关于中国北方新生代地层的介绍少之又少。除了辽宁抚顺含植物化石的沉积（由俄罗斯和日本的学者将其鉴定为早第三纪），几乎所有的地质地层描述中涉及的主要沉积类型都是黄土。

这一著名的沉积在中国北方地貌的形成和发育过程中扮演了重要角色，Richthofen 在他的巨著《中国》第一卷中对该类沉积的分布和物理性质有过很好的描述，对黄土成因的独创解释是这位先驱对中国地质研究所做的最为高明和值得纪念的成就，但他对于时代和地层关系的关注较少。本文作者最近的研究工作很好地理清了这两个问题，认为三趾马层处于中新世到上新世的过渡时期。

Richthofen 在新生代地质研究的其他方面存在不完善的地方。例如，对南京“火山锥”的错误解释，以及认为蒙古高原南部的黄土位于火山玄武岩的下方。另一位地质学家 Loczy 对新生代地层的判断方面在 Richthofen 的工作基础上更进一步，把黄土与第三纪的沉积物区分开来。Bailey Willis 的工作在地形地貌的研究方面做出了巨大的贡献，对古老地质系统的描述具有很好的说明性和很强的洞察力，但在地层和古生物方面对研究新生代沉积的贡献有限。

Schlosser 在 1903 年发表出版了精彩的论文，精彩地论述了产自……化石，中国的哺乳动物。这些被称为“龙骨”或“药骨”材料的来源很特别，购买自通商口岸的药商，所以产地不详。因此，Schlosser 的工作虽然影响深远，但是在中国第三纪和更新世地层的分布和序列关系方面所能提供的信息有限，甚至在某些部分容易误导读者。

本书的概述部分已经介绍了 1916 年促使我转向新生代研究领域的诸多因素，并因此考察了中国北方和内蒙古地区的第三纪和更新世沉积，对大量完美的剖面做了描述。正如概述部分说的那样，我计划对已考察的中国新生代有一个综合性的介绍。由于各种原因，参考资料不如我期望的完整。在完成之后将着手准备。目前我正在为中国西北地区的旅行考察做准备。在此之后，希望能在中国北方新生代地层就这一问题做更好的介绍。

始新世地层

我所考察的、唯一的始新世沉积位于山西省垣曲县，前面的章节已经做过详细描述，此处因此只作简短介绍。

垣曲县的始新世沉积所在区域地势低但较为开阔，西面、南面和北面三面环山，南北向延伸 14 – 16 公里，东西向延伸 10 – 14 公里。沉积区域南北向受控于断层，东部部分受断层控制。西部可能也受断层影响，在西部边缘观察到始新世沉积不整合覆盖于奥陶纪灰岩之上。始新世沉积都统一的东南向倾斜，平均约 22 度。在北、西北和东部，地层倾斜方向多变。始新世地层整体厚度大约 1 千米，仅有几个较小规模的断层可以在其地层序列中观察到。

沉积序列下部是厚的粗糙砾岩或红色和杂色的泥岩。这一部分不产化石，但仍然能在勉强算是砾岩类型的砂岩层中找到些许碎骨材料。沉积序列上部的砾岩并不那么粗糙，夹在白色砂岩和红色泥岩之间。这套沉积序列还夹有泥质灰岩，厚度通常超过 1 米。

砂岩和砾岩层产有一些碎骨块，但化石主要来源于泥灰岩层，有轮藻的孢子囊，大量的介形类，以下是 N. Hj. Odhner 博士鉴定的软体动物名单：

Planorbis pseudammonius Schloth

Pl. pseudammonius var. *leymeriei* Deshayes

Pl. sparnacensis Deshayes

Pl. chertieri Deshayes

Physa cf. lamberti Deshayes

Euchilus deschiensianum Deshayes

Ceratodes sinensis Odhner n sp.

Eupera sinensis Odhner n sp.

与这些软体动物伴生的是大量的脊椎动物化石碎片，有一些已经鉴定为鱼类，更多的是龟的化石。哺乳动物化石较少，有一个奇蹄类（两栖犀）的碎片，一个偶蹄类的，一个啮齿类的，还有一个可能是灵长类（狐猴）或食虫类。

抚顺系（渐新世）

辽宁省（旧称奉天省）抚顺地区

抚顺煤矿位于沈阳东 60 里处，那儿有一个异常厚的裂缝，出产质量很好的煤，可以用作蒸汽动力的燃料。根据 1906 年 Palibin 对其中所产植物化石的鉴定，判断地层时代为早第三纪。煤矿的地质地层特点由日本学者 Inouye 于 1913 年描述：煤矿所在区域是一个山丘样的高地，北边在浑河边形成陡岸；矿区南面是陡峻的山岭，其与浑河支流在远处相遇交叉；沉积煤层的区域被中间的高地分为东、西两个部分，在高地上地层出现接近直角的弯曲；此处可能出现过大的断层，断裂处横向水平宽度接近 1000 米（2400 尺）。

此套地层基岩是花岗片麻岩，其上是凝灰岩沉积，时代被认为是早寒武纪。在矿区的东部，红色和绿色的凝灰岩中夹有玢岩板，与下部的片麻岩基岩为不整合接触。在它之上是凝灰质砂岩和页岩，由西北方向往东南方向延伸，是向斜构造的一部分。凝灰岩与其上的凝灰质砂岩和页岩被认为属于中生代沉积，具体时代未知。包含煤层的第三纪地层直接沉积在呈东西向延伸的地堑带上，通常向北倾斜 30 度，而地堑带夹在片麻岩和更老的地层之中。根据页岩中发现的化石判断，地层时代为中新世。

这套地层可分为下部含煤沉积和上部主要含煤层沉积。其中，含下部的煤层包括有凝灰质砂岩、砾岩和页岩，其中夹有两层煤层。煤层在采矿区的东部角落向西延伸到杨柏堡车站（Yang Pai Pao）的东边。再向西在杨百堡车站和辛金寨车站的南边有一小片区域也有发现。产状通常为西北向，倾角为北北东 30 - 40 度。之后，这套地层在古城子河的东边又重新出现，沿着河转向北，此处被冲积层覆盖。主要含煤层由页岩组成，煤层很厚，没有砂岩。煤层上方的页岩也很厚，出露的部位显示厚度接近 900 米（2500 尺），其矿坑区域的中部发育很好，东部窄的角落区域没有出露。矿坑区域的南边是玄武岩，形成火山岩床，在上部主要含煤层和下部含煤层之间尤为明显。由此导致的接触变质作用在下部含煤层的页岩和煤层可以观察到，但是在上部主要的含煤层中无此类变质作用发现。由此可见，玄武岩的侵入发生在下部煤层形成之后，上部主要煤层形成之前的一段时间。岩层产状几乎是东西向的，向北倾斜 25 - 45 度。

矿坑区内断层很常见，但规模较小，还不足以影响采矿。在杨柏堡和老虎台之间有一个大的褶皱，地层发生了近 800 米（2400 尺）的偏移，形成了一个向北倾的单斜，但是两边都向北弯曲。我们因此推测，形成褶皱的挤压力由南向北推动地层。北边出露地层倾斜的角度很大，但是在南边较为缓和，约 25 度。在下部的两层煤层较薄，上部主要煤层层厚 200 尺。

从 Inouye 的描述看，下部含煤层的玄武岩是侵入性的，因为可以看到其切割并使煤层发生了变质作用。

正如前述，Palibin 鉴定了这套地层中的植物化石，名单如下：

Osmunda torelli

Carpinus grandis

Aspidium conf. meyeri

Juglans acuminate

Planera ungeri

Sequoia langsdorfi

Glyptostrobus ungeri

Fagus Feronia

Popuius glandulifera

Florin 博士是位于斯德哥尔摩阿姆斯特丹国立博物馆的研究人员，他对抚顺的植物化石进行了更为具体的研究，认为上述化石名单中只有后 4 个类群的鉴定可靠，其他的鉴定由于基于残破的化石而存在不确定性。

《中国矿业杂志》1911 年 18 期 1－30 页（该杂志在大连出版刊印），描述了抚顺矿坑区域的地层。其中提到，除了 Palibin 介绍的植物化石之外，在该区域另外有两批植物化石，一批由学者 Yokoyama 研究鉴定，有如下类群：

Osmundu sp.

Thuya cf. borealis Hr.

Parrotia cf. priestina Ett.

Quercus sp.

*Saiix*sp.

Sequoia cf. disticha Hr.

*Sequoia cf. langsdorfi*Br.

另一批没有提到鉴定者的名字，类群如下：

Aphanantha

Styrax

Ginkgo

Alnus

Tilia

Fiburnum

根据 Florin 博士的观点，他对这一篇文章中提到的植物化石鉴定持保留意见。

1919 年，中国地质调查研究所的朱先生应我的要求去抚顺采集了新的植物化石。我将这批化石交由 Florin 博士研究，他给出如下的鉴定结果：

Lygodium kaulfussi Heer.

Dryopterites sp.

Osmunda lignitum Stur.

Sequoia iangsdorfii Heer.

*Glyptostrobus europaeus*Heer.

Popuius giandulifera Heer.

? *Juglans* sp.

*cfr. Carpinus grandis*Ung.

Alnus kefersteinii Ung.

?? *Coryluss macquarrii* （Forb.） Heer.

Dryophylium dewaalquei Sap. et Mar.

Fagus feroniae Ung.

cfr. Zeikovaa ungeri Kovats.

cfr. Panax longissimumUng.

cfr. Viburnum nordenskioldi Heer.

这些类群已知在北美、欧洲和北极地区的晚白垩纪到上新世地层中都有发现。由 Palibin 和 Florin 博士鉴定的抚顺的植物化石产于渐新世。

察哈尔行政区域

察哈尔行政区为民国时期的行政区划，驻地为张垣（今张家口市），建国后撤销，所辖地市划归山西省和河北省。张北县位于内蒙古自治区和吉林省的交界处，我在 1916 年时于蒙古熔岩高原的边界发现了位于玄武岩夹层之中的植物化石层。在介绍这些化石之前有必要对该区域的地质概况做一了解。

正如 Richthofen 的调查结论张家口周围由粗面岩和斑岩的火成岩山环绕。图 21 显示了从张家口向北到蒙古高原边缘的 40 里，并再向北直到汉诺坝，这段距离的地质地层情况。张家口城区最北边的地层出露显示，粗面岩的下部是集块岩状的砾石，这种岩性的沉积在粗面岩的上部也有，并包含有凝灰岩。其在山的下部出露，沿着向北去汉诺坝的公路分布。再向北在汉诺坝附近，我们见到了出露的含有斑岩卵石的砾石层。该层产状水平，上覆地层为玄武岩。在汉诺坝的东北区域被称作炭窑沟的地方，在玄武岩陡崖的下部可见有小范围的煤层沉积，其位于斑岩质的砾石层中。

从汉诺坝向西是万全县，其斑岩砾石层中也夹有煤层沉积。煤层区域位于万全县县城西北 8 - 10 里处，区域面积北南向延伸 4 里，东西向延伸 2 里。图 22 所示为此区域较窄的南部地层剖面，可见砾石层位于前期形成的斑岩上，两侧山上的岩石也均为斑岩。砾石的粗糙程度不一，但较小，几乎见不到比拳头大的鹅卵石。砾石

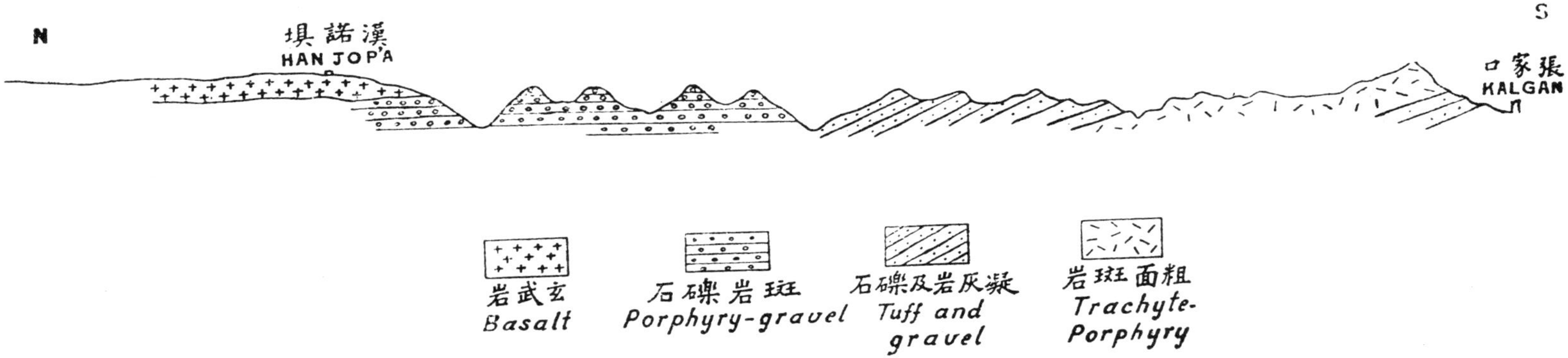

N

壩諾漢
HAN JOP'A

S

口家張
KALGAN

岩武玄
Basalt

石礫岩斑
Porphyry-gravel

石礫及岩灰凝
Tuff and gravel

岩斑面粗
Trachyte-Porphyry

第二十一图

松散，胶结较差，只在局部胶结紧密形成硬的砾岩。其中夹有透镜体，为砂子或者松散粗糙的砂石，呈灰白色。

在砾岩层出露的区域有很多老旧废弃的竖井，周围发现了一些页岩的碎片，这些页岩几乎是黑色的，层薄，其中含有丰富但是保存欠佳的植物化石碎片。竖井周围也有些灰色的具有一定固结程度的泥岩，在其中我们找到了一些保存有鉴定特征的植物化石。我初步观察认为有 *Podosamites* 和 *Pterophyllum*，属于侏罗纪时期的植物群落。当然，我不是古植物学家，鉴定尚有商榷的余地。由于这一套砾岩沉积的岩性多变，我一时之间不能准确判断其真实的产状，但仍然可以确定大部分区域是水平的，只在局部范围有向西北的倾斜，约 15 – 20 度。

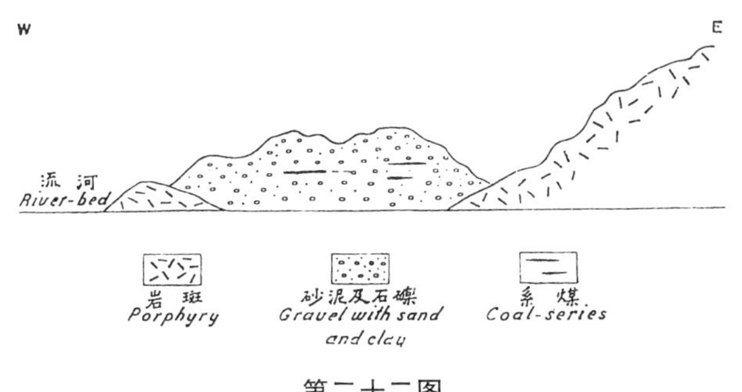

第二十二图

煤层在这套砾岩沉积最靠下的部位，此处的砾岩为白色或微黄色，而其余上部的砾岩多为微红色。

北京西山也有一套斑岩质的砾岩地层（侏罗纪髫髻山组）出露，产侏罗纪的植物化石。这套砾岩具有较好的胶结，形成质硬的岩石，倾斜明显。在今张家口的宣化县也有斑岩质的砂砾岩沉积，局部胶结差，接近砂岩，也有一些区域的地层显示倾斜。由于侏罗纪的植物化石在北京西山髻山组的砾岩中，以及张家口北部和西北部的砂砾岩层中都有发现，我们将这两者判断为同时期的沉积，尽管前者固化胶结很硬且岩层倾斜明显，而后者砂砾岩松散且几乎都是水平产状。

以上是对玄武岩上部砾石层分布和时代的对比讨论，下面我们回到玄武岩的话题。图 23 所示为汉诺坝玄武岩高原西侧的陡崖，其中 a、b 和 d 为此套玄武岩上几个不同的山嘴出露：a 点距离汉诺坝最近；b 点距离最远，整体位于万全县的北部区域；c 点是从岩层上滑脱的一块岩石，这可能是由于风化侵蚀把下伏砾岩抽空缺失，导致此处玄武岩从母体分离。其实，玄武岩陡崖下的砾石山坡上覆盖有大量的玄武岩碎屑坡积物，也有非常大块的，这是砾石层相对更快的风化速率的必然结果。

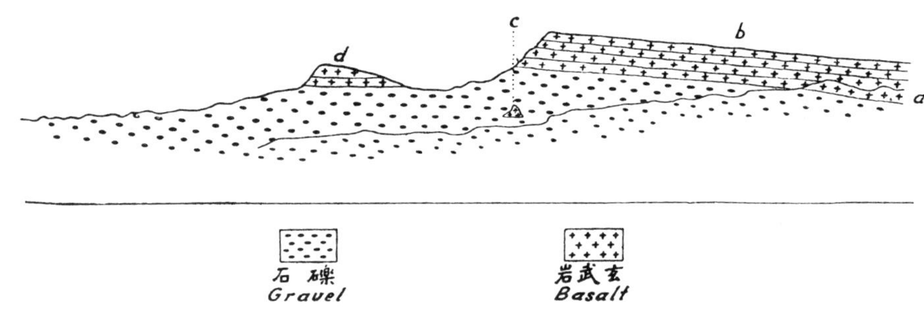

第二十三图

当我们转到图 23 所示的地区时，在新开口北 3 里的出露有一个特别的现象：就是在固结不牢的砾石层中，可以见到一支约 1 米宽的玄武岩岩脉延伸很远。

在以上提到的所有玄武岩出露区域，其均覆盖于斑岩质的砾石层之上。但是在汉诺坝东北方向，炭窑口煤矿向东 1 里的区域，玄武岩直接覆盖于更古老的地层之上，其倾斜角度陡峻，发育褶皱（图 24）。

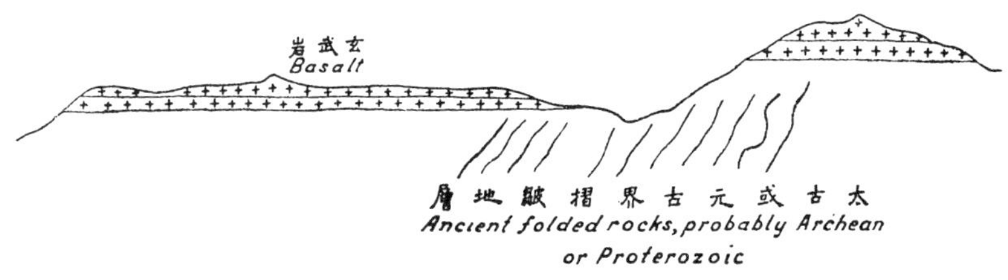

第二十四图

在汉诺坝逗留期间，我被告知在玄武岩的陡崖上也有煤层。产煤地点在一个当地人称作大井沟的冲沟中，位于汉诺坝村西不远处。该地地层如图 25 所示。可能是因为表层有出露黑色页岩。之前有当地人为了寻找煤层开挖坑道，但是没有找到，在坑道的入口有小堆挖出的废碎石，主要是深棕色或黑色的页岩，质地松软。此处坑道入口已经废弃，我因此无法进入，但在这些废石堆的页岩中收集了足够的植物化石，显然是三叠纪时期的。遗憾的是，由于软的页岩有一个致命的特性，一旦晾干就变得像报纸一样，还没碰就碎了。收集的植物化石都是在更坚实的岩性中。这些化石交由荷兰阿姆斯特丹国立博物馆的 Florin 博士研究，以短文形式刊出（脚注：R. Florin，1920. Einige Chinesisehe Tertiarpflanzen. Svevsk Botanisk Tidskriit，1920，14，2 -3，239 -243. ）。其中鉴定的类群包括：

Pinus sp.

Comptonia anderssonii n. sp.

Carpinus sp.

Phyllites sp.

尽管这些类群还不足以确定该地点的时代，但 Florin 博士仍然据此做了推论，认为可能为中三叠纪。

正如图 25 所示，玄武岩在坑道的上下都有出露，毫无疑问，产出植物化石的页岩夹在其中。图 26 是该地点的剖面图，可见中间挖掘的坑道位于玄武岩之间，玄武岩下方是砾岩层。

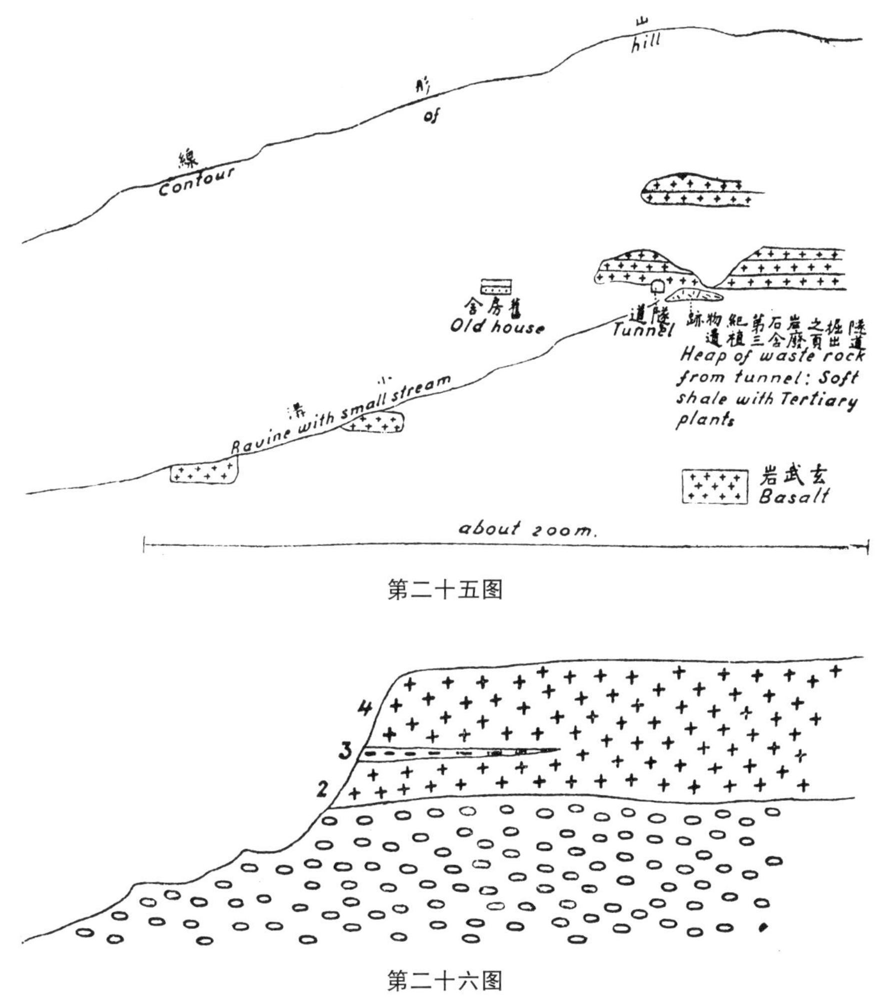

第二十五图

第二十六图

繁峙县

此处由地质调查所的王竹泉先生于 1920 年发现是第 3 个有第三纪植物化石的地点，含化石层亦伴有玄武岩流。化石产地位于繁峙县县城东北 60 里的山羊沟村，具体地点位于村北 1 里处。根据王竹泉先生的描述作如下介绍，并绘制了图 27 的地层图。

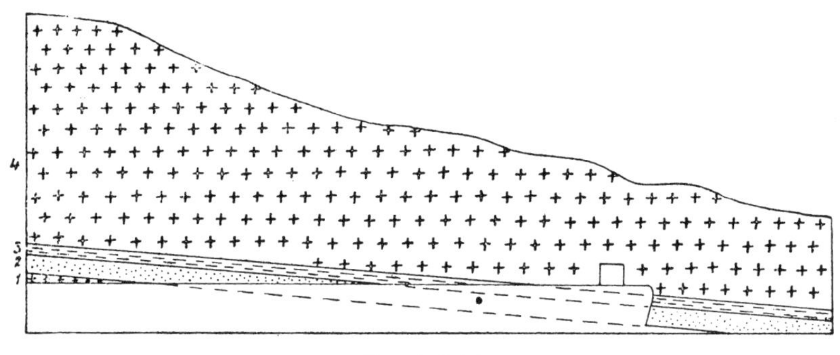

第二十七图

植物化石发现于浅灰色的泥岩中，其层厚 8 米。该层泥岩沉积区域有限，周围边缘区岩性转变为白色的砂岩，化石出产情况不明。其下部为山羊沟的玄武岩，但在山羊沟北 10 里的蒋台背，岩性转为片麻岩。富含化石的泥岩上部为黑色的页岩或煤，大约 1 米厚，再往上为另一层玄武岩。

泥岩中发现的植物化石为针叶类植物的球果，以及大量双子叶植物的叶子，后者还没有来得及做仔细的鉴定。

1922 年 10 月，我又对山羊沟的地层做了短时的考察，希望能在之前的基础上有更多的了解。图 28 是我对该剖面地层的二次解释，王竹泉先生此前描述的地点标注为“煤矿”。

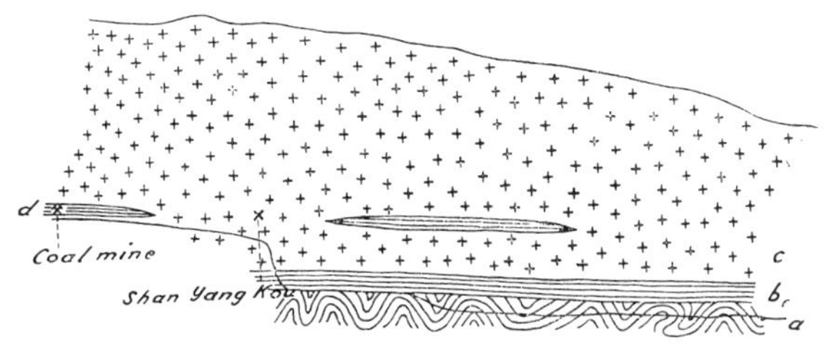

第二十八图

在山羊沟村附近，一条小溪顺流而下，在一个 20 米高的陡崖之后垂直下降流入一个山涧，两侧有很漂亮的地层出露。沟底可见有陡立倾斜的太古界岩石，片麻岩和角闪岩，其与上面的玄武岩之间是一套 10 – 12 米厚的沉积，层理结构发育，产植物化石。该化石层的最下部分是砾岩，上覆砂岩。砂岩中有薄层的褐煤，含有木头碎块。这些褐煤碎木头块在砂岩中也有大量发现。砂岩上方是薄层的泥岩层，其中有大块的云母。这套化石层最上部，即紧邻上部玄武岩层下方的是紫色的黏土石，质地坚硬，可能是与玄武岩接触变质的结果。除了褐煤层中的木头碎块，这套岩层没有其他化石了。

有 3 条玄武岩的岩脉穿过太古界及其上方的沉积岩，每条约 1 米厚。另有一条水平的岩脉在砂岩中形成了一个规则的侵入岩床，其厚度不足 1 米。

下部沉积岩上方的玄武岩流 15 – 20 米厚，其上方是第二层沉积物。王竹泉先生发现的植物化石可能产于这第二层沉积中，其在个别地方发育较好，但是并不连续。发育不好的地方其上、下两层的玄武岩直接接触，也没有化石发现。这些玄武岩层有微弱的但是明显的向南的倾斜。

目前汉诺坝和山羊沟两地发现的植物化石较少，鉴定意义有限，不足以讨论其产出时代是否与抚顺的相同。但从地层岩性上看，我们能够识别这些玄武岩和煤层沉积的相似性，暂时将其命名为抚顺系。

芦子沟的地层

1922 年早期，O. Zdansky 博士在研究山西保德县富含三趾马的地层期间，发现了在三趾马泥岩层的下方有一套有趣的沉积，其时代显然属于晚第三纪。这套地层被命名为芦子沟系，因为在该冲沟中发育最好而得名。该冲沟位于 Zdansky 博士调查区域的西北角，具体描述和地图的细节参见其发表的文章。此区域的基岩为石炭纪地层，芦子沟系位于其上部，再往上就是典型的三趾马泥岩，出产该地层的特征性化石。我们在一处剖面看到了后两者的地层关系。

芦子沟系的地层产状水平，层厚 25 – 30 米。图 29 是 Zdansky 博士绘制的该套地层的岩性和沉积序列，描述如下：

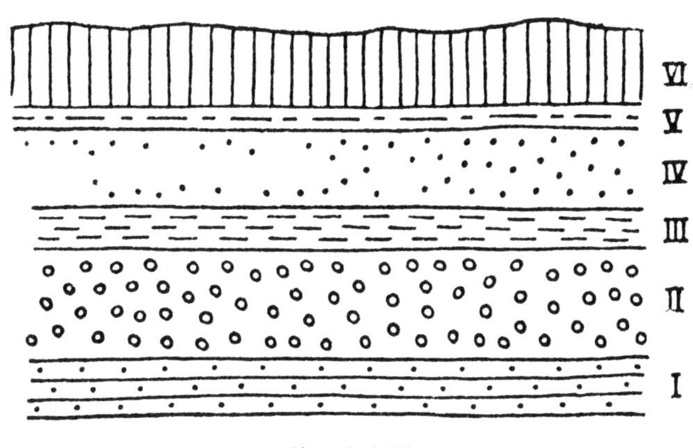

第二十九图

1. 寒武纪基岩
2. 石英质砾岩，有碎骨块和哺乳动物牙齿，层厚 6. 5 米
3. 黄绿色的泥灰岩和泥灰质灰岩，有鱼骨和软体动物，层厚 2. 5 米
4. 黄色砂岩，发育交错层理，发现了犀类的下颌骨，层厚 4. 5 米

5. 微绿色的白色泥灰岩，有哺乳动物骨骼和软体动物，层厚 1.3 米

6. 微红色的黄土样沉积物，骨骼碎块，犀类的牙齿碎片，层厚 4 米多

第 2－5 层为芦子沟系的沉积，但第 6 层是三趾马层的沉积或是黄土沉积不得而知。据之前的调查结果，三趾马层在其中一处剖面沉积于芦子沟地层的上部。当发现的这些鱼类、软体动物、哺乳动物和植物化石有了结果，该套地层的时代也就明确了。在此之前，我们根据 Zdansky 博士发现的可以初步推论其时代为晚第三纪。因为三趾马层代表了中新世到上新世的过渡时期，芦子沟系地层可能代表中新世，但是其他的证据似乎表明其时代与三趾马层很近。

三趾马层

三趾马层产出了中国北方最丰富的和保存最好的哺乳动物化石，为了让读者熟悉其地层沉积，我引用 Zdansky 博士对山西保德的地层调查概述。此处黄河沿岸是著名的化石产地，其沉积迄今发现的三趾马地点最多，大量的冲沟中有漂亮的地层出露。Zdansky 博士对该区域地层做了准确的调查，与我们调查的三趾马产地代表了不同的地点。

山西省的西北部，及邻近的陕西省的部分区域三趾马泥岩的分布广泛，但只是在山西省保德县的冀家沟和河曲县的南沙洼，及陕西省的府谷县的五兰沟比较丰富，其他地区都相对较少出产化石。

冀家沟是这些地点中地层分布最广和化石出产最多的一个，富集区面积南北向 4800 米，东西向 4000 米。冀家沟位于一个高地上，被交错的冲沟网络切蚀，其底部产三趾马的泥岩层随处可见。该区域的基岩是寒武纪的含煤地层，产状几乎是水平的。含三趾马的那套地层底部是砾岩，最厚处达到 4 米，呈灰色。在其上是红色的三趾马泥岩层，最大厚度 65 米。泥岩层中有层内的砂砾岩，不连续分布，偶尔会有砂岩的透镜体。在哺乳动物骨骼化石周围可见有少量灰岩。

65 米厚的红色泥岩大部分是普通的沉积，产化石的层位位于底部向上 25 米和顶部向下 35 米之间，通常不到 1 米厚，几乎是水平产状，在冀家沟区域其所在高度变化不超过 5 米。该层化石并非随处可见，而是通常聚集性分布于不同的区域，由不含化石的普通泥岩相隔。

Zdansky 博士对冀家沟地点的脊椎动物化石做了临时鉴定，名单如下：

奇蹄类

Hipparion richthofeni Schl.

Teleoceras 4 个种

Aceratherium

Sinotherium lagrelii Ringström（脚注文献：中国地质调查第 5 卷）

Anchitherium

偶蹄类

一些大小不同的鹿类

许多羚羊

Chilinotherium tingii Wiman

Sus 2 个种

食肉类

Hyaena

Viverridae

Felidae

Machairodus

Arctocyon 或者 *Hyaenarctos*

Mustelidae 2 个种

长鼻类

Mastodon

Stegodon

Elephas

啮齿类

castorid

rodents

鸟类

struthionid

爬行类

emydid

testudinid

南沙洼和五兰沟的三趾马沉积较冀家沟的规模小，但是其他方面，包括沉积序列和岩性都与后者相同（图 30）。

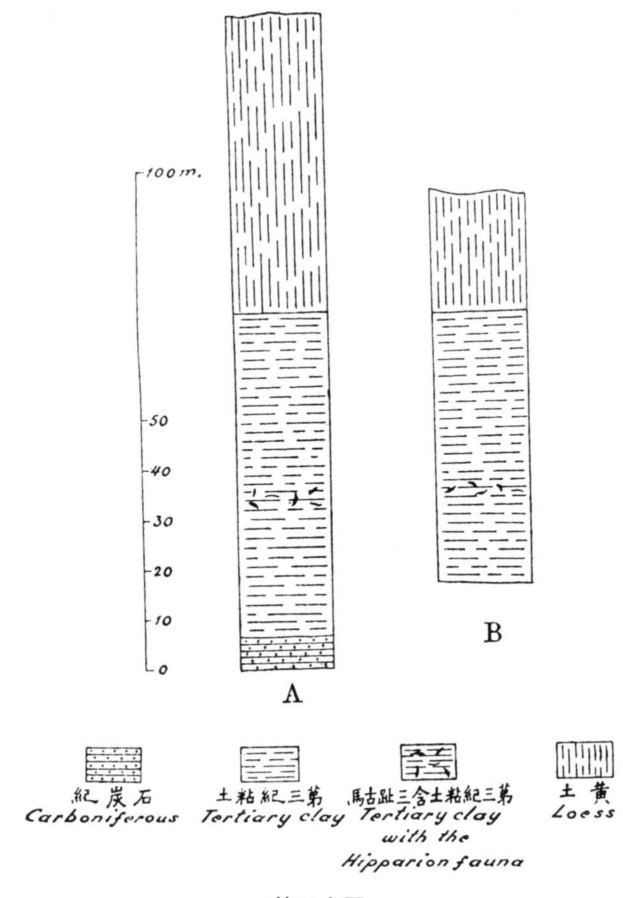

第三十图

根据 Wiman 博士和 Zdansky 博士的研究，三趾马动物群指示当时是草原环境。但是，鹿类和西猯类的发现表明，草原上遍布有水体和小片树林。由于泥岩中的化石主要分布于上述 3 个区域，其他地方很少产出，由此推论在干旱的草原上局部存在绿洲，那里有水体和树林，在雨季可能还有漫流。这些适宜的环境可能持续较短的时间，而且前后气候环境变化较大。Zdansky 博士的这一解释与上述提到的地层沉积状况一致。

其他发现三趾马化石的地点中，最具代表性的一个位于新安县，河南洛阳西 100 里，那是我们第一次研究该动物群，发现于 1918 年秋天。三趾马层位分布于县城东和北 20 里以内的区域。那里有一些圆形的山丘，上面有三趾马层出露（图 37）。山间的谷地有大量的黄土沉积。此区域内三趾马层为以后的地质地层在 37 图的描述中有相关介绍。

由于此地点没有像冀家沟地点那样做详细的调查，我因此不能够画出准确的地质图，但粗略的估计，化石层所在沉积的厚度可能超过冀家沟地点的 65 米。其与后者不同的另一个特点是沉积物岩性各种各样，如图 31 和 32 所示。泥岩有时是统一的红色，在其他一些地方是杂色的；其一致的特点是都有不规则的类白色的斑点，被当地人形象的称为“鸡屎土”。如图 31 所示剖面，类白色的白垩质灰岩沉积广泛。还有就是砂岩和砾岩层常见。

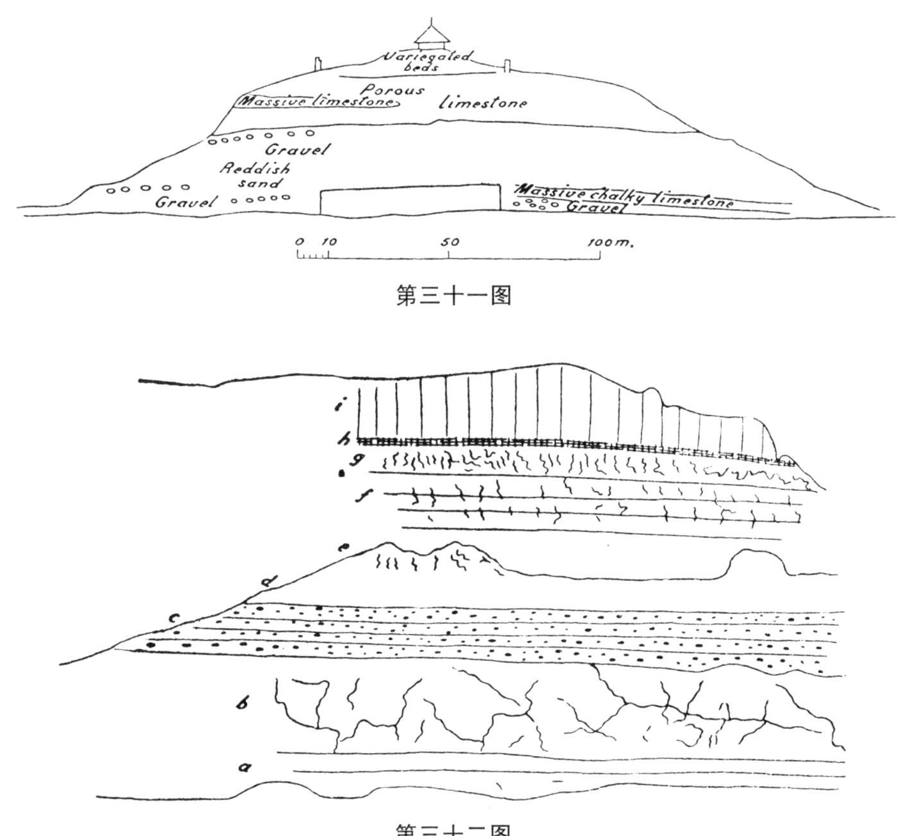

第三十一图

第三十二图

另一个特点是类型不规则的石灰结核。该沉积物曾被描述为黄土中的特征性成分。这些结核通常形成于泥岩中的特定层位，每一个结核虽然形状不规则但是长轴都是垂直位置。其有时比较小，分散在泥岩中；或者发育成大的结核，并有分叉相连，形成复杂的网络状结构；其发育的最终形态就是网状结构的进一步增大，形成固结的石灰岩层。这种较硬的石灰结核内通常会有很多鹅卵石。在哺乳动物化石周围通常有石灰结核分布，与山西冀家沟地层的情况类似。

化石的发现情况比冀家沟的更加不规则。无论如何我们没有找到规律的化石层。化石也是聚集性的沉积，并很零星的散在于地层中。新安县最重要的地点是第 12 地点的上印沟，一个几米长的沉积中发现了很多化石。但是，保存状态不如冀家沟的好，表面颜色有些发黑，可能是由于相当晚期的风化作用造成的。

图 32 是新安县东 15 里东阳镇含三趾马化石的地层剖面，描述如下：

a. 发育显著层理的泥岩，泥灰岩，和磨圆较好的砂岩

b. 颜色斑杂的红色和灰绿色泥岩，发育不规则的石膏脉

c. 粗糙的砂砾岩

d. 黄土样的泥岩

e. 黄土样的泥岩，发育不规则的石灰质结核

f. 微红色的泥岩，小的石灰质结核和小鹅卵石层有规律的重复出现，但很薄，约 0.3 米厚

g. 泥岩，与 f 层相近，但是石灰质结核很大数量很多

h. 红色显著的泥岩

i. 黄土

以上地层除了最上部的黄土之外，其他应该属于三趾马层。在距离此剖面很近的地方，我们在相同的层位发现了三趾马动物群的化石，只是保存较差。

第 12 号地点上印沟的泥岩中产出许多种类的化石。但在距离其 2 里的第 35 地点，主要的化石是 *Cervavitus* 祖鹿，发现了该类群最好的头骨标本。这一祖鹿化石的富集层位于红色砂岩的透镜体中，夹在普通的红色泥岩之中。

在新安县西 100 里，我们研究了位于渑池县的三趾马泥岩沉积区，其发育平行的灰岩带，地层层序发育规律（图 33）。产自此地点的化石呈漂亮的白色，质地较硬，保存状态可与保德县的标本相媲美，但数量较少。

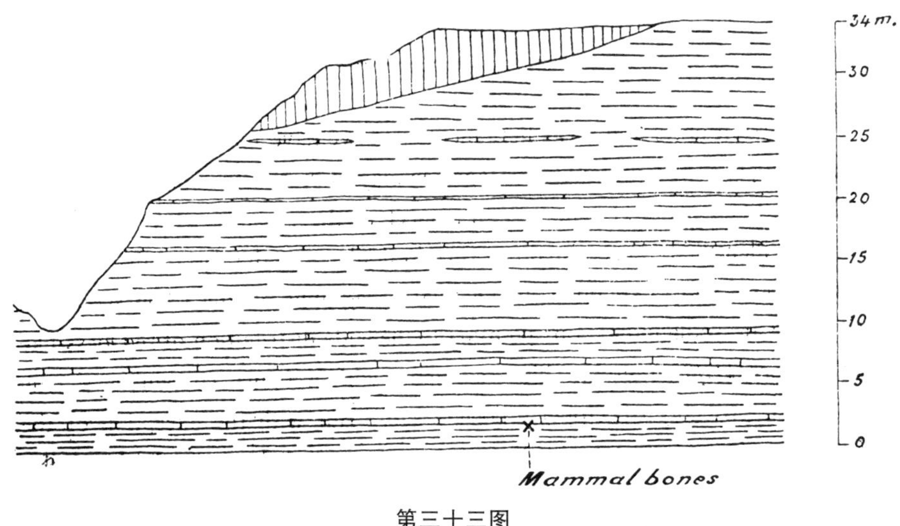

第三十三图

在河南发现的脊椎动物化石的类型大部分与冀家沟地点的相同，犀类标本的数量不如保德地区丰富。但是，河南三趾马动物群与保德的相比不同点在于：在此处

发现了可能属于狒狒的灵长类化石，包括 2 个种，3 件标本，一个完整的头骨，一个下颌骨，一个上颌骨。前两个可能代表一个小的类型；后一个代表相当大的一个种，发现于新安县的三趾马动物群，伴生的还有反刍类和鬣狗，以及一个象类的小臼齿。这些标本的鉴定由 Zdansky 博士完成。

甘肃庆阳化石点

Pére. E. Licent 大使在甘肃庆阳发现和发掘了 2 个富含晚第三纪动物群的化石地点。1921 年 6 月，Pére 大使邀请我到天津参观他收集的化石。在走马观花式的浏览之后我发现了三趾马，并注意到此处的犀类和其他种群与山西和河南三趾马动物群的类型相同。关于这些化石及其剖面的更全面的介绍在前部章节已有涉及。

除了上述提到的地区外，我们还在其他发育红土的地区收集了化石，这些红土与三趾马层的红土很相近，分布在吉林、山东、陕西和河南等地。但是，我们目前无法确定出产这些化石的地层所处时代。我将在下面关于周口店地点的介绍中展开讨论，指出这种“三趾马红土”样的沉积分布广泛，其中部分很像此类红土的沉积中发现了真马的化石，其时代可能是晚上新世。只是，我们只对周口店富含化石的沉积做了深入的研究，其他地点还没有顾及。等到 Wiman 博士把上述地点收集的化石做了细致的对比鉴定之后，我们也许能就其时代得出结论。

周口店的洞穴沉积

在北京西南70里，京汉铁路琉璃河到周口店支线的终点站，即周口店附件，我于1921年夏天发现了一个富含化石的洞穴，其周围是奥陶纪的灰岩。Zdansky博士对这一地点进行调查和发掘，做了详细的报告。

以下是该报告内容的概述：化石地点位于被称作老牛沟的冲沟中，在车站驻地西北偏北方向300米处。这里有一处灰岩的采石场，在一处灰岩崖壁的6米高处有壤土和砂岩沉积，充填于先期形成的一个灰岩洞穴中。这一崖壁上的沉积是在采石过程中被暴露出来的，再向上仍然是灰岩，即洞穴周壁的上、下都是灰岩。在洞穴内沉积物东部靠下的一个角落里，能看到向下延伸的一个窄的管洞，里面是非常硬的微黄色的砂岩，其中含有哺乳动物的骨骼化石，与附近其他地方主要化石沉积区域的类型相同。在做了一定程度的观察之后我们意识到，这个洞穴与窄的管洞一样深，只是周围被很薄的灰岩壁覆盖。

我们测了A剖面和B剖面的地层厚度，从底部到顶部，倾斜比较缓，平均北向18度，东向7度。以下为两个剖面沉积层序描述。

剖面A

8. 灰岩质的角砾岩，不发育层理，包含陆生壳类和骨骼化石

7. 淡红色壤砂土，夹有砂岩，有陆生壳类化石，80厘米

6. 棕色壤土，发育棕色条带，与第7层的界限并不十分明显，33厘米

5. 深棕色的板状壤土，21厘米

4. 浅黄色壤土，6.5厘米

3. 深棕色壤土，4.5厘米

2. 浅黄色，砂质壤土，骨骼化石丰富，15厘米

1. 微黄色砂石，有灰岩和钟乳石的碎块，有许多化石，厚度未知

剖面B

9. 与剖面A第8层相同

8. 红色砂岩，层理明显，80厘米

7. 壤土上部棕色下部黄色16厘米

6. 红色砂石，15厘米

5. 红色砂岩，具层理，局部固结较硬，30厘米

4. 浅黄色壤土，6 厘米

3. 与剖面 A 的第 3 层相同

2. 砂质壤土，浅黄色，有一些骨骼化石，17 厘米

1. 与剖面 A 第 1 层相同

小块的化石在整套沉积中都有发现，但较大块的化石发现于第 1、2 和 3 层。大型动物的化石主要是下颌和单个的牙齿，没有头骨。还找到了鹿类的肢骨、椎骨、鹿角碎块，以及其他碎片。

小动物的化石有几件下颌骨，但主要是大量的肢骨，可能属于 2 种啮齿类。鼹鼠和一种食虫类，及小型鸟类的化石也有发现。大动物化石方面奇蹄类有一种真马的，一种犀牛的；偶蹄类的比较多，包括一种猪的，一种鹿的（是一件非常厚的下颌标本），和大量小型反刍类的。其中小型反刍类的标本还没有来得及仔细鉴定。一种大型牛科化石很显眼。食肉类有剑齿虎（*Machairodus*），其与 Schlosser 在 1903 年命名的恐剑齿虎（*M. horribilis*）相同；另外还有相当小的熊类和一种狐狸大小的动物。

沉积顶部的红色砂岩和角砾岩有 2 个类型的陆生壳类，其中一种很常见，可能是此处的一个现生种类。食肉类可能栖居于此洞穴，并将猎物带了过来。肢骨化石的稀少可能是由于这些食肉类食用时将其咬碎的缘故。啮齿类也可能在这里寄居。

从此处沉积有真马但没有三趾马化石判断，其时代较三趾马动物群生存的时代要晚，可能是晚上新世。

从目前的考察结果和动物群对比来看，周口店富含化石的地层是唯一一处可能属于晚上新世的沉积。但是不能排除有地方发育同一时期沉积但却没有发现化石的可能性。

此处的沉积使我想到 1918 年在吉林怀来县发现的地层沉积。那里有偶蹄类的化石，可能是鹿类，其中有非常粗大的下颌骨，这与 Zdansky 博士鉴定的周口店发现的下颌骨相似。另外，在怀来县西北偏西 18 公里处的葫芦岛村，村东 2. 5 里处有一个很窄的冲沟出产大量化石骨骼，其中也有一个粗厚的下颌。冲沟有 20 米深，沟的崖壁上都是典型的黄土，在其中没有砾石层夹。化石发现于沟底的黄土中。

现在说这些周口店的洞穴沉积时代相同还为时过早，埋藏类群与沉积物的岩性有很多不同。唯一的相同之处在于，上述的偶蹄类下颌骨在分类上可能是同一类群。

在讨论这些地层时我们不可避免的会假设，在周口店灰岩山上的洞穴沉积物形成的过程中，在平原上也有同期发育的沉积过程，只是两者沉积物的岩性差别很大。在随后讨论黄土的章节大家将了解到，Richthofen 和 Willis 在最一开始接触中国北方的新生代沉积时曾将所有的泥岩沉积物命名为黄土，而我们根据收集的哺乳动物化

石证明这其中有一部分可以确定是三趾马红黏土。从岩性上讲，我们通常很难将典型的颜色较深的三趾马红黏土与灰黄色的黄土样泥岩区分开来，因为事实上两者之间广泛分布有在岩性上具有过渡性的沉积物。而且，很有可能，这种沉积时间上介于早上新世三趾马动物群泥岩和更新世黄土之间的沉积物，从岩性上或多或少的更接近后者，可能是黄土样的泥岩。事实上，我们在吉林北部、山东、河南和山西等地的黄土样沉积物中已经发现了小规模的动物群。这些动物主要是偶蹄类，与三趾马动物群之间的关系还没有讨论结果。等到 Wiman 博士的研究结果出来之后我们就知道，周口店的洞穴沉积与葫芦岛的黄土样沉积在时代上存在多大程度的一致性。

三门系

考察过程中发现，在许多地层都有黄土基部的沉积物出露，其中含有砾石，厚度可达 10 米或更多。砾石层通常出现在黄土的下部或者较高的层位，在山坡上由于水流冲刷更易发现。Bailey Willis 形象的描述了风积和水动力在黄土形成过程中的相互作用，前者形成黄土，后者促成了砾石夹层。从砾石沉积来看，在黄土形成初期水动力作用仍主导着沉积过程，形成大规模的砾石堆积，然而当风力作用占主导时，黄土沉积变得几乎连续。

在黄河河床两岸，这些黄土下的砾石层分布广泛且异常的厚。其中有两处发现了丰富的淡水软体动物化石，从分类上与黄土中的差别很大。因此，有必要将这些黄土下的砾石和砂岩沉积作为一个独立的地层序列。丁文江博士根据发现该套沉积的典型地点“三门”，将其命名为三门系。

1917 年，我从河南和陕西交界的潼关向陕西境内沿着黄河考察地层，在很多地方都发现了黄土下方的砾石和砂岩，甚至泥岩。在陕西境内的该套沉积中发现了一些贝类的碎片，只是保存较差不能鉴定分类。

在 1918 年，丁文江博士研究了黄河三门段周围的地层，此处位于河南和山西交界。在距离三门 9 里的地方发现了一处很好的剖面，如图 34 所示。在最下部的沉积中，丁文江博士发现并收集了大量较大型的双壳类。这些材料随后被送往华盛顿斯密史研究所，由 W. H. Dall 博士研究。他认为：这些材料与现生的物种接近但是并不完全相同。我们没有足够的现生材料来确定这些化石是否在其变异范围内，但是两者差别较大，我们建议这些化石是现生物种的祖先类群，可能是早更新世时期。分类如下：

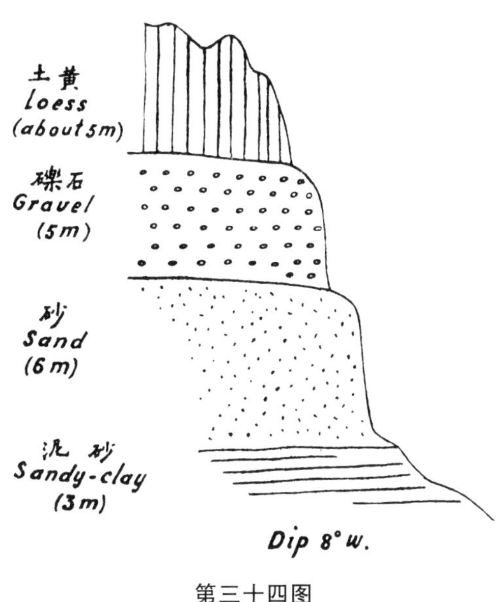

第三十四图

*Quadrula*near*Q. spurius* Heude

*Quadrula*near*Q. affinis* Heude

Cuneopsis near *C. capitatus* Heude

在 1921 年 5 月，我征集了垣曲县始新世地层中发现的一些非常大的贝类，据说发现自黄河岸边的河堤村，照片见于图版 7，剖面如图 35 所示。剖面细节如下：

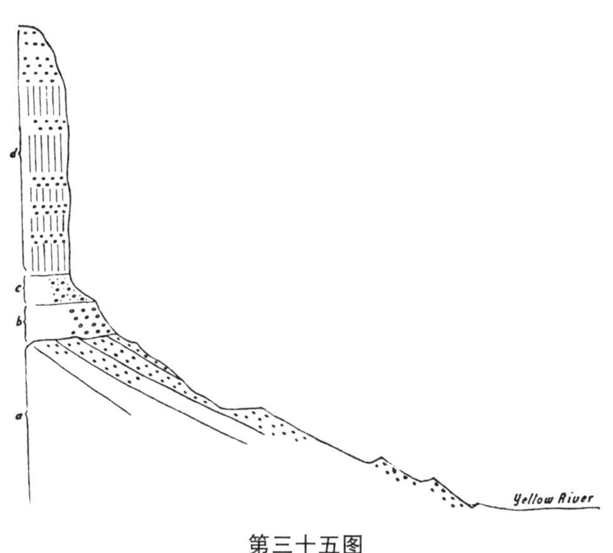

第三十五图

a. 始新世的粗糙砾岩，灰岩质的鹅卵石，南东向倾角 30 度，层厚 17 米

b. 粗糙的砾石，层厚 2.5 米

c. 砾岩，砂和砾石混合，胶结较硬，其中有大量淡水的贝类化石，有一些异常

的大；另有许多大的壳类，长轴与沉积层理垂直，层厚 2 米

d. 黄土和砾石互层，层厚 20 米

贝类还没有做分类鉴定，但可能由 1 –2 个类群与 Dall 博士鉴定的三门系地层发现的相同。其中，另有一类较长的珠蚌科的壳，超过 26 厘米长，以及一个较小类群的贝类。在贝类沉积层也有些哺乳动物骨骼化石发现。在据此地点几十米的地方，我在砂砾层发现了一个比较大的骨骼，有 60. 5 厘米长，横径达 20 厘米，从尺寸大小看，可能属于长鼻类。

离开河堤村地点后，我继续由垣曲县向京汉铁路沿着黄河边考察，一路走来大约有 300 里。沿途发现了很多在黄土下方的砾石层，但都没有发现壳类化石，哺乳动物骨骼少见且破碎。

在山西西南有一条汾河，是黄河的一条较大的支流。其河谷据说也有黄土下的砂岩层出露，河津县传教站 Bertram Lewis 牧师收集了一些其中产出的化石，现在保存在地质调查研究所的博物馆里，有象类的肩胛骨、下颌残块和臼齿残块等。丁文江博士在 1918 年 8 月考察了这个地点的地层，化石产于李裴村，县城东北 25 里处。剖面中黄土约有 10 米厚，其下的砂岩约有 30 米厚，层理并不明显。化石发现于砂岩的最上部，距上方黄土较近（图 36）。

由于化石数据不够全面，现在还不能准确的判断三门系的时代。根据 Dall 博士对其中所产软体动物化石的鉴定，其可能是早更新世。

黄 土

Richthofen 对黄土的物理性质、地层层序和地形分布已经做了形象的描述，Bailey Willis 增加了一些重要的观察结论，尤其是与黄土互层的砾石层。但在许多方面，黄土仍然是中国北方新生代地质研究的未结之谜，我因此打算从更全面的角度来讨论与之相关的一些问题。以下是我要尝试讨论的几个方面：

黄土的产状

黄土与下层沉积的关系

黄土沉积物的物源

黄土的脊椎动物化石

黄土的时代

黄土形成时期的气候环境

为了更好的理解黄土的产状，有必要对一些我们研究较为详细的剖面做一描述。任何乘坐京汉铁路从北京出发向南旅行的乘客都能注意到黄河南岸高耸的黄土陡崖，此处京汉铁路大桥跨过黄河。从此处开始，此黄土陡崖沿黄河延伸有 200 里，直到山地，中间几乎没有间断。黄土高原的南北向并不非常宽阔，覆于邙山的北坡。邙山东西向延伸，距离黄河南岸不远。高原到处都是被冲沟切蚀的陡崖。陡崖的高度估计有 40 米，有些地方可能 60 米，这也是黄土的厚度。

我在几个地点注意到了具有层理的砾岩和砂岩，可能是属于三门系的。如果这一解释正确，那么砾石层上方的就是黄土沉积，尽管其靠下的部位是红色的沉积，具有水平层理和不同颜色的沉积条带，只在靠上的部分是典型黄土的灰黄色，且无层理（如图版 8 所示）。

河南西部的新安县，黄土沉积丰富。如图 37 所示，黄土沉积出露在山谷中。高原的三趾马层被流水切蚀，形成河谷地貌，之后黄土沉积其中。现在，这些河谷中的沉积物又被溪流切蚀，一直到暴露下部的三趾马层。这里沉积的黄土都是典型的灰黄色。

再向西 100 里的渑池县也是同样的情况，黄土沉积于谷地中，冲沟切蚀直到上新世泥岩的三趾马层。现在的垂直侵蚀过程不仅移除了黄土沉积，也暴露了黄土之前就已经存在的冲沟。黄土是典型的灰黄色，当出现于高原的顶部时只有几米厚，但是在沟谷中可达 30 – 40 米厚。

Mussel-bed belonging to the San Men Series. Near Ho Ti, Yuan Chü Hsien.
(Compare fig. 35, page 119.)
層系門三之殼介物動體軟夾村堤河曲垣西山

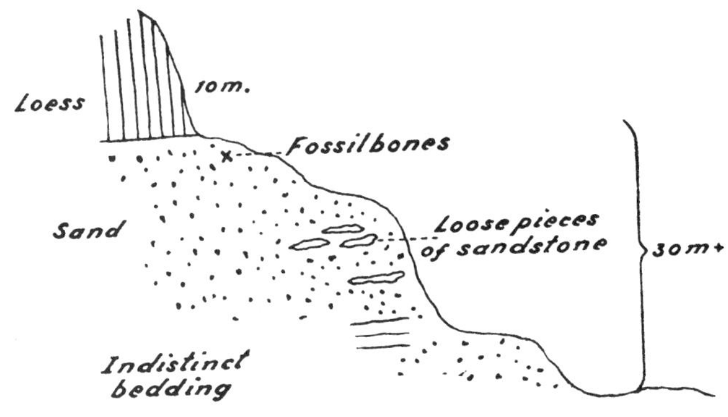

第三十六图

黃土
Loess
含三趾古馬各色粘土及石灰岩礫石
Hipparion clays
(red and variegated
with intercalations of
limestone and gravel)
古生界傾側
Tilted Palæozoic

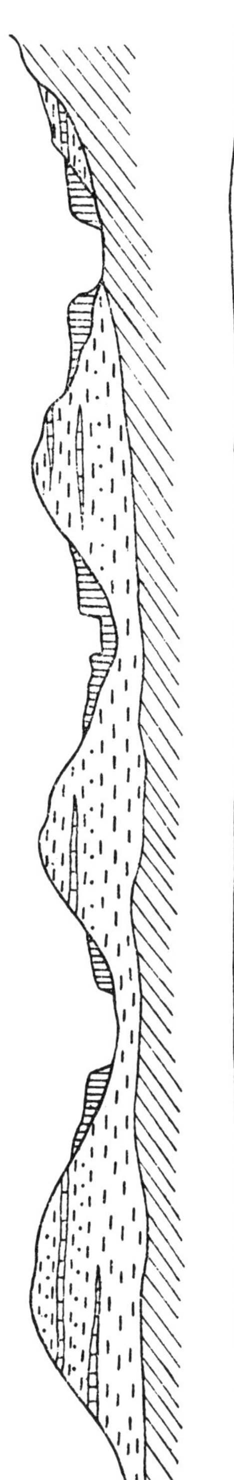

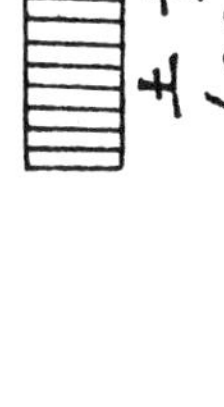

第三十七图

在 Zdansky 博士研究的山西保德县，黄土覆盖在三趾马层的上部，约有 40 米厚。从他绘制的图 38 可见，黄土形成了高原沉积，但也是沉积于前期形成的冲沟切蚀地貌上，且旧的冲沟与新的冲沟交错重叠。Zdansky 博士提到，此处黄土和三趾马层沉积关系明显，容易区分。

Richthofen 等早前的研究者将黄土作为巨厚的沉积，1500 尺或更厚。通过对上述山西、河南、山东和吉林等中国北方不同地区地层的观察，我们认为真正的黄土沉积最厚可为 50 - 60 米，而不是巨厚的上百米。这一观点的差异主要是由于 Richthofen 定义的黄土实际上包括了时代上更早的沉积物。

除了黄土之外，Richthofen 和 Willis 并没有对其他的新生代沉积给予描述。当我考察他们描述过的地层时，很容易辨别出这套地层的下部不是真正的黄土，而是更老的生产三趾马的层位。需要进一步指出的是，Richthofen 当时也注意到黄土中有石灰质结核，将其作为黄土中的特征性沉积物。石灰质结核最早描述于德国的黄土沉积中，现在也在中国的该类沉积中发现。但是，我们并不能说发现此类结构的地层就是黄土，因为其出现于三趾马动物群的红黏土中。

在许多剖面，灰黄色的黄土和红色的三趾马黏土容易区分，尤其是在三趾马层中有化石发现的时候，这一根据岩性得出的结论就显得更有说服力。但有些剖面岩性不容易鉴别，常被称作黄土样泥岩，或红色黄土，泥质黄土。再加之化石罕有，经常不能确定其时代和沉积特性。在这一情况下，几乎不可能对 Richthofen 的定义做出划分，多少是黄土，多少是更早沉积的红黏土。对此最具说服力的是 Zdansky 博士研究的山西保德县冀家沟剖面，此处三趾马红土厚 65 米，黄土厚 40 米，地层关系如图 38 所示。

但是，正如已经指出的，有很多沉积剖面岩性介于真正的黄土和典型的三趾马红黏土之间。周口店的沉积部分属于这种过渡性的，不仅是岩性，也可能包括时代。也许我们收集一系列标本在对比研究之后能够证明，其时代是介于黄土的早更新世和三趾马红土的上新世之间，可能是晚上新世时期。

这使我对黄土的起源有了在一定程度上与 Richthofen 不同的解释。Richthofen 等认为黄土沉积物是通过风力从中亚的沙漠和高原搬运到沉积区域。我同意这一假设，并认为相当大程度上是这样一个过程。在 1920 年我所考察的内蒙古一小部分区域内，没有发现真正的黄土；黄土沉积发现于靠近蒙古高原的边缘地区。显而易见，高原上黄土沉积的缺失可以根据 Richthofen 的观点解释为：风把这些物质吹走并在中国东部的不同区域沉积，那里植被较好。

但事实上，在几乎所有发育黄土的区域都存在一个黄土和三趾马红土的过渡沉积阶段，似乎在告诉我们这两者之间存在某种联系，这种联系发生在两者沉积的间隙期。

Fig. 1. Loess overlying 20 m. of gravel & sand. Near Erh Liang Kou, Kung Hsien, Honan.

河南鞏縣貳兩溝砂礫層上之黃土

Fig. 2. Dissected loess plateau. Hsü Chia Kou, Mêng Tsin Hsien, Honan.

河南孟津縣徐家溝經冲破之黃土高原

依据三趾马动物群的组成来看，其沉积时期应为草原环境，与 Richthofen 所说的黄土沉积环境相同。我因此假设：在晚第三纪时期和更新世的大部分时期中国北方草原广布，应该也存在源于草原环境的晚上新世沉积。不过，山西省汾河阶地上的垂直切蚀剖面，在黄土下发育有具层理的砂岩和砾石（三门系），意味着期间存在雨水丰富的时期。

三趾马黏土并不是狭义的字面意义的黏土，其可能是分选后残余土的再沉积，这一过程中磨圆最好的土质沉积物被河流冲走，汇入大海。而残余土则渐渐形成砂质壤土的特性。中更新世时期，随着气候变得干旱，风力作用变成主导，在不同沉积规律的作用下，对原有壤土进行分选和再沉积。目前，我对从三趾马黏土到黄土的过渡期的解释为：实际上是从早上新世到中更新世的一段较长时期内，局部物源的再沉积过程。这一解释当然并不是否定 Richthofen 的观点。我的目的在于提醒大家注意这一过渡阶段的存在，以及黄土可能是局部物源的。

黄土的化石

黄土中最常见的动物化石是陆生壳类大蜗牛（Helicidae）。在收集这些化石的时候必须小心，以免与现生的搞混，它们经常被雨水冲到黄土陡崖上，不熟悉的人可能会认错。我所收集的此类化石交给了合作者，软体动物学家 N. Hj. Odhner，由他在适当的时候研究发表。

黄土中的哺乳动物群不论是数量还是种类都相对贫乏。现有的解释和报道可能形成误导。其不像三趾马黏土的地点那样可以进行有计划的发掘，化石都是当地人零星的发现，散在于黄土沉积物的无数剖面中。最常见的哺乳动物化石是象类的门齿和臼齿，根据 Zdansky 博士的鉴定，可能是属于 *Elephas namadicus*，其最早发现于印度纳巴达河谷地的更新世河流相沉积中，伴生的有河马和其他哺乳类。无论如何，这些黄土中常见的象类不是之前研究者鉴定的猛犸象。

在岩性不确定的黄土样沉积物中发现了很多化石，以下部分在分类上与黄土中的类型相同：

Rhinoceros affinis simus

Ovis? sp.

Hyena sp.

Ursus sp.

Castorid

这其中有一个河狸类（Castorid）的头骨确定无疑是从黄土中发现的。这一头骨，以及最近发现的猪类材料，似乎都不支持 Richthofen 提出的黄土的风成理论假说。

黄土 Loess
含三趾古馬粘土 Hipparion clay
糸溝子層 Lu Tzü Kou Series
石炭紀 Carboniferous

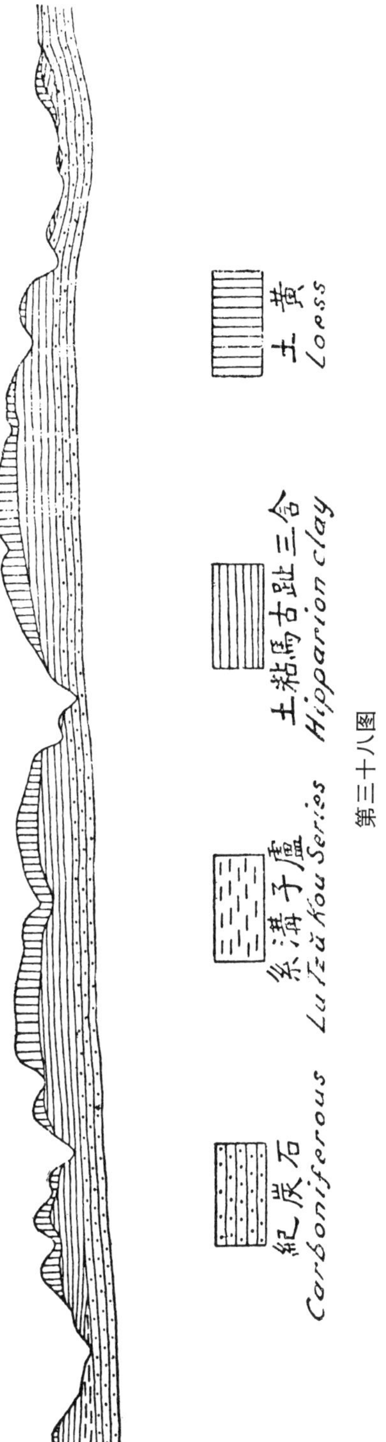

第三十八图

我们只在一个地点的黄土中遇到了可以称作小规模富集的化石沉积。此地点位于山西垣曲县，由 Zdansky 博士调查研究，并绘制了图 39 的剖面图。此处的类群有鬣狗、马、鹿和龟。其中，鹿是森林里的动物，龟是水里的动物。这些发现都与 Richthofen 的风成理论相矛盾。

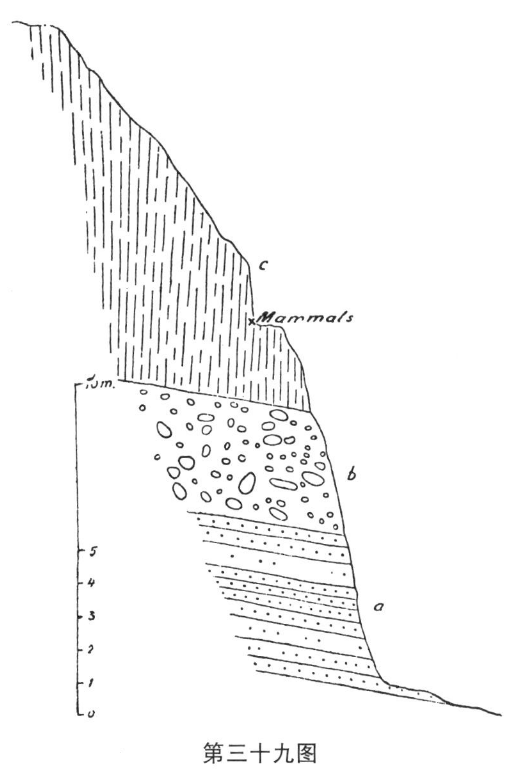

第三十九图

最后我们必须提到一类化石，其出现似乎与风成理论相统一，那就是鸵鸟的蛋化石，被称作 *Struthiolithus*。现生的鸵鸟是草原上的鸟，仅从鸟蛋化石的埋藏方式我们就能推断，这些一次发现至少 2 个的鸟蛋化石应该是被风吹来的沉积物掩埋，这样才能使得蛋壳完好无损。

我们目前依然不能基于不完备的资料就黄土沉积当时的气候环境做出确定的推论。从地质学和地貌学来讲，Richthofen 的风成理论仍然是最好的假说，只是还不能很好的解释其中发现的化石。

另外，黄土的时代也还没有定论。其动物群可以确定是更新世类群。如果 Dall 博士对三门系黄土下沉积中发现的贝类鉴定是正确的，那么三门系的时代就是早更新世，黄土沉积就是中更新世，这也意味着与更新世冰期气候的大环境一致。

我们最近还发现了黄土的洞穴沉积相。地点位于北京西山，沉积物是黄土样的壤土，其中的化石有犀牛、熊、猪，以及其他偶蹄类和少许鸟类的化石。由于资料太过单薄，这些沉积与黄土的关系无法确定。

黄土之后的沉积

再沉积的黄土

在发育黄土的沉积区域内，许多河谷中都能找到一类沉积：黄土和砾石交互出现。我们认为这类沉积代表了由真正黄土衍生而来的晚期再沉积地层，其在河谷中沉积，但规模有限，层理变化迅速且不规则。厚的砾石层突然出现，且其中砾石的含量远高于真正黄土中的。由此可见，这些次生的黄土－砾石层的形成过程中水动力作用占据主导地位，风成作用扮演了次要的角色。我将其称为再沉积的黄土（Redeposited Loess），以区别于真正的黄土。

仅在吉林北部和辽宁热河的此类沉积中发现了化石，其中最常见的是大型鹿类的角，和发育大角的羊的头骨，其角比所有现生种的都大。也发现了一种牛的部分头骨和角。还在热河朝阳县的药店里收购了保存完美的披毛犀的头骨，不是产于再沉积黄土就是原生黄土。

鸡骨山沉积

在北京西南 70 里的周口店，发现了一个特别的小规模化石沉积点，这一发现在 1919 年发表于斯德哥尔摩的杂志《地质学年刊》（p 265－268）。

该地点是一个 5. 5 米高的红色泥岩柱，位于一个灰岩矿区的中间，基部周围是奥陶纪的灰岩。毫无疑问，其应该是洞穴沉积物，周围的灰岩被采矿挖走，留下了这么一个柱状的结构。其中发现了很多骨骼化石，有鸟类、啮齿类（可能是两个种）和食肉类（一个大型的和一个小型的）。

另一处同类的沉积在 1922 年发现于北京宛平县的灰峪村，出产一些与鸡骨山类型相同的小型动物。此外，还有一些保存很漂亮的小型偶蹄类化石。

这两个地方化石的鉴定完成之后，我们就能对其时代做出解释。但是，从其较低的矿化程度而言，时代可能相当的晚，我们因此至少可以将其地层划归为黄土之后的沉积物。

洞穴发现

在北京西山的一些洞穴中，一些小规模的哺乳动物群时代可能在黄土沉积期之后。在化石鉴定结果没有出来之前，我们还不能讨论太多，仅就其中一种化石给予介绍。

我们在此地的 2－3 个洞穴中发现了异常大的豪猪化石，大多是独立的门齿。另有一个带门齿和第一颊齿的下颌骨是收集化石的助手带来的。与我从安徽征集的两个现生豪猪（*Hystrix subcristata*）的头骨相比，这个石化程度较低的下颌骨相当的大。而且，与河南仰韶新石器时代发现的豪猪化石相比，北京的材料也代表了更大的个体。

现生的豪猪在长江北部的某些地区没有分布，在秦岭发现的豪猪没有见到标本，难以验证。在仰韶的新石器时代豪猪很常见，但是现在已经很难找到。

豪猪化石在北京附近的发现意味着，这一哺乳动物的分布向北扩展了相当大的范围。现生的豪猪分布于中国南方的气候湿润区。这些发现于河南和北京附近石化程度低的豪猪化石对于研究这些区域在最近一段地质时期的气候变化具有非常重要的价值。

泥炭沼泽

我所知道的出产时代最晚的哺乳动物标本的沉积就是泥炭沼泽，位于北京东的蓟县和三河县。这些标本和考古发现表明，泥炭沼泽处于有史时期。

早期人类

中国北方更新世人类或类人猿的发现记录异常少。Schlosser 将从中国药店收集的标本描述发表，成为研究中国哺乳动物化石必读的经典专著，其中有一个相当重要的下臼齿 m3，定名为 *Anthropoideg*. n. et. sp. ind.

该枚牙齿石化程度高，表面有微红色泥岩，Schlosser 由此认为其可能产自第三纪地层而不是黄土。以下为其文中讨论：

总体而言，这一棵牙齿齿根的轮廓和特点可以确定与人的相近，类人猿的牙齿齿根之间分的更开。但是，从沉积环境看时代更早，可能是第三纪。考虑到当时人属存在的可能很小，不能将其归入人属中。我们因此考虑其是否属于一个新的未知的类人猿属，该属在牙齿结构上与现代的人属更接近，与已知的类人猿不同。

另一个可能就是这颗牙齿真的是人的牙齿，被埋藏在第三纪沉积表层的次生沉积物中。那么，在此种情况下，必须考虑的问题就是这颗牙齿是不是更新世的，但因为石化程度较高，以致于很难认为其不是第三纪时期的化石。我们认为这颗牙齿的时代应该比较早，因为现代的，即使是史前时期的牙齿不可能发生如此大的形态变化。

尽管我们一时不能确定究竟是更新世还是第三纪，但无论如何，这是一颗年代久远的臼齿。甚至不能排除这不是人属成员的，而是一颗类人猿的臼齿。如果将来有学者来此考察和发掘，希望本文的讨论能够提醒他们，此地点有新的类人猿的化石分布，但也可能是第三纪或早更新世的人属成员。

H. Matsumoto 在 1915 年（Matsumoto，《中国河南的哺乳动物化石》，东京帝国大学学报，第 3 卷，第 1 期）描述了一些从河南收集的哺乳动物化石，其中有一块怀疑是人的骶骨，但也有一些灵长类的特点，描述如下：

“与大多数人的骶骨相比这一标本的显著特点是，从第 1 荐椎到最后一块荐椎尺寸变小的趋势非常缓慢，骶曲的幅度比较小。现代人的骶曲弯曲弧度要大的多，第 2 骶椎位置向后偏移也更多。新标本的第 1 骶椎的中间骨体比大多数现代人的要短和窄很多，然而第 5 骶椎要比后者长和宽。这一特征让我们想起了欧洲的尼安德特人，在形态上或多或少与这个骶骨接近。

由于现代人死后通常采用土葬的安葬方式，我们不免会对新标本的发掘过程产生怀疑：会不会发现的就是现代人。但是，这件标本的保存状态与石化程度都与发

现的象类的椎骨相同，表面有很多之前被命名为“黄土”的围岩。我倾向于把这一标本放在更新世，与灭绝的象类时代相同。另外，根据 Boule 的照片，从新标本表面的磨蚀情况看，与法国拉沙佩勒发现的标本相同”。

现在没有办法确定 Matsumoto 描述的哺乳动物标本是产自一个地点或是多个地点。但据说是都产自黄土，被归为一个动物群，具体内容引用如下：

“本文介绍的所有标本质地都比较脆，石化程度比较低，产自黄土。在所鉴定的 8 个种里，5 个已经灭绝，3 个有现生代表。这些河南的动物群在时代上因此很有可能产自晚更新世。

在第三纪和早更新世时期，中国南方和日本的哺乳动物主要是东洋界的类型，但是中国北方主要是全北界的动物。这次描述的产自河南的动物群属于全北界类型，与欧洲更新世的动物群成员非常接近。两者的对比如下：

河南	欧洲早更新世
Elephas aff. *primigenius*	*E. primigenius*
Equus leptostylus	“*E.* cfr. *stenonis*” of Boule
*Sus*aff. *scrofa*	*S. scrofa* foss.
Cervus hortulorum	（*C. perrieri*；Pliocene）
Elaphurus davidianus	—
Bos primigenius	*B. primigenius*
Bison exiguus	*B. priscus*
Homo sp.	*Homo neanderthalensis*

几乎所有产自河南的属种都有来自欧洲的相应代表，除了麋鹿，其见于中国北方和日本。河南的这一动物群与印度的动物没有类群相关。

至于具体的种，以下的讨论比较重要。

中国北方更新世的一种大型真马（*Equus leptostylus*，注：此种名现已弃用），鉴定特征为前部内侧细弱的内柱相结合，与更新世的马相同；上前臼齿釉质的其他褶皱方面与更新世和全新世的大型马类相同。

麋鹿（*Elaphurus davidianus*）和梅花鹿（*Cervus hortulorum*）现在生活于中国北方，本文动物群分析表明，在更新世它们该区域也有分布，尤其是后者也见于更新世的日本。

东北野牛（*Bison exiguus*），生活于中国的更新世时期，体型方面比欧洲的西伯利亚野牛（*Bison priscus*）的体型小。

人属的标本，骶骨的弯曲较弱，与欧洲的尼安德特人相似，可能生存在更新世时期。

由于 Davidson Black 博士收集有更多中国现代人和史前人类的标本，我请教他关于 Mastumoto 描述的黄土中发现的骶骨，他很友善的给了回复，以下是相关内容：

“我在中国的最后 2 年间，中国地质调查研究所收集了大量的新石器时代的人类标本，分别产自沈阳沙口村和河南大仰韶村。沙口村发现了 12 件甚至更多的骶骨，5 个保存较好；河南仰韶沉积发现了 9 个保存较好的骶骨，都可以与 Matsumoto 的标本作对比。这些标本可以与现代的欧洲人和中国北方的人作对比，随后会报道研究结果。然而，有意思的是，中国现代人和新石器时代人的标本在形态上与 Matsumoto 描述的骶骨相似。自从新时期时代开始，中国北方的栖居地发现了很多此类形态的骶骨”。

Davidson 的回复似乎表明，Matsumoto 描述的河南黄土中出产的骶骨与欧洲尼安德特人之间的差别没有什么说服力。如果能证明河南的这个骶骨是与西伯利亚猛犸象（*Elephas* aff. *primigenius*，现为 *Mammuthus primigenius*）一起发现的，那么我们就能从埋藏学的角度证明这是一件旧石器时代的标本。看来●可能从解剖学的角度证明这件标本属于一类消失的人类种群。

我们在中国北方做地质调查期间没有遇到什么古老地质时期的人类骨骼标本。不过，倒是有一个非常不确定的、单独发现的标本，产自河北省北部的宣化县，是一个月桂叶形尖状器，具有欧洲旧石器时代梭鲁特文化的特征。这一标本如图版 9 图 1 所示，两边破损，目前保存的长度是 243 毫米（完整的长度大约为 320 毫米），最宽处为 78 毫米。从材料上看，是霏细岩类的岩石。整体上削裂面比较粗糙，但是边缘有修整的痕迹，与梭鲁特文化的此类尖状器的典型形态有很多相同点。据称，大部分法国梭鲁特文化的此类燧石都比较小，长 161 – 180 毫米，甚至更短小。但是，如果我没有搞错的话，在 Volgu 的 11 个梭鲁特尖形器中有一个非常大，长度达到 340 毫米；另一个是 Montelius 描述的产自瑞典西海岸的同类石器，认为属于同一时期，长度为 300 毫米。这些欧洲梭鲁特文化时期的石器主要是由燧石制成，但在中国很有可能用的是霏细岩类的材料，因为一时找不到燧石。

这些对比似乎表明，中国北方的霏细岩石叶很可能出现于梭鲁特文化时期。但事情远没有这么简单。从北美的霏细岩和黑曜石采石场，W. H. Holmes 描述了大量与梭鲁特文化相同的此类石制叶片。根据 Holmes、Hrdlicka 和 Wissler 等权威专家的观点，美洲原住民是蒙古人后裔，他们跨过白令海峡到达北美的时间很晚，此时已经是新石器文化。如果这一结论是正确的，美洲的此类月桂叶形尖状石器样的石制工具不用说是时代相当晚。Holmes 似乎认为出产此类叶状石制品的采石场一直被作为当地人的石制品来源，在哥伦布发现新大陆之后依然如此，直到欧洲人的侵入，驱赶原著民离开；抑或，后来原著民找到了其他石材替代古时候必不可少的燧石。

另有必要提到的是，Peet 曾发现在意大利有大量的旧石器时代的工具到了新石器时代仍有使用，包括扁桃形枪头和柳叶形枪头，是旧石器时代阿布维利文化的工具类型。

这件霏细岩石叶制品从一个村民手中购买。随后我的助理拜访了发现者，去看了石制品发现的地点，但是没有找到更多的相关证据，之前的石制品是个孤品。好在我于 1920 年在此发现地点的邻近区域，即张家口西的万全县，收集到一个小的、漂亮的石制工具，一个黄棕色的霏细岩石器，如图版 9 图 2 所示，长 27 毫米。这件制品经过精细加工，是从石核削下来的窄长的薄片，边缘钝圆。器型上与旧石器时代后期即奥瑞娜时期（Aurignacian）的船底形刮端器非常相似，但是后者要更小些。

产地的埋藏或周围环境并不支持这件石制品属于史前时代文化的推论。我的一个助手在 1919 年在此地点曾发现了一个完整的人体骨架标本，发给 Dr. Black 博士研究之后认为，这是个现代人的标本。

为了搞清楚具体情况，1920 年我考察了该地点。在距离发现地点 1 米处相同的埋藏深度，我发现了再沉积的黄土，还有小的燧石。在同一层位，我们还发现了一些具有现代釉面的陶器碎片，甚至简单的、蓝白色的瓷器碎片。不用说，沉积是相当晚的了，但燧石与上述的相似，且非常坚硬几乎不能砸开。这个燧石很有可能是后来经过流水冲刷搬运，从之前的较老的地点到了现代的黄土样沉积物中。

后来，1922 年时我们在附近的山坡上继续寻找，发现了几件没有加工的石片，也是黄棕色的燧石样石制品，但没有发现打击工具，也没有发现其他迹象来表明这是一个时代较为久远的地点。

根据我的经验，这些燧石样的石制品在现代的可能用途是火绒箱，这种工具在中国许多偏远地区仍有使用。然而，用来生火的燧石大多没有经过加工，并不是精巧的打制石器。我们发现的是经过打制的石器。从器型判断，我们的标本更像是一些古老的真正石制工具。

从宣化县发现的大的月桂叶形尖状器和刚刚说的从万全县发现的这个打制燧石，是仅有的也是不确定的记录，暗示这两个地区在旧石器时代晚期可能有人类活动。不仅中国北方旧石器时代是否有人类活动尚无定论，且真正的新石器时代记录还没有发现。我本人和 Torii 的调查发现了大量的石制品，但在仔细对比研究之后我发现这些产自沈阳沙口村和河南大仰韶村地点的石制品并不是新石器时代的，我基于遗迹发现的地点将其命名为仰韶文化。

在《中国远古之文化》一文中，我对仰韶文化做了初步介绍，发表于《中国地质调查通报》1920 年第 5 期。以下是主要内容的概述：

典型地点，仰韶村位于河南省渑池县的开阔平原。遗址范围异常大，南北向

960 米，东西向 480 米。在靠南的部分，文化层不完全连续，但是在北半部或更多的区域，几乎每平方米都有 1 – 5 米厚的文化层沉积。

这些沉积中发现的物品有丰富的磨制石器，石斧、方形石刀、板岩箭簇、石坠、陶纺轮和石环（臂环和吊坠）。也有一些骨制品，例如漂亮的缝针和锥子，及其他一些用鹿角和贝类加工的制品。

主要的人工制品是陶器碎片。粗糙的陶器类型丰富且多变，显示了与中国朝代历史早期青铜制品之间惊人的相似性，在其他方面也与中国文化有密切关联。我因此毫不犹豫的将这个地点判断为中国早期文化的历史遗迹。

除了新石器时代类型的石制工具，及与鼎和鬲（中国文化中广为人知的两种青铜器）器型相关的粗糙的陶器外，还有零星发现的制作精良的陶器：表面剖光，在红色但有时是深灰色的器物表面有白色、红色和黑色的图案，但大都破成碎片了。这种多彩的陶器与在近东地区和欧洲（俄罗斯、土耳其、俄罗斯西南、波斯西部、巴比伦、希腊和意大利）发现的彩色器物具有显著的相似性。此两类彩色陶器如此相近，但地理位置又相距如此之远，以至于我们不得不揣测，这一制作工艺曾经从近东地区远距离传到了远东地区。

尽管我们没有在仰韶遗址中发现金属器物，但由于制陶工艺如此丰富多样且部分器型如此美观，并与青铜器造型及其他中国文化有惊人的相关性，我们考虑这一遗址不能简答的划归新石器文化，应归为次新石器文化，即铜石并用时期，代表新石器晚期向金属时代的过渡。

除了仰韶，我们也对河南其他几个相同时期的文化遗址做了考察。我暂时把沈阳沙口村的洞穴沉积也归入仰韶文化。最近，Zdansky 博士从山西保德县带回来一批材料，确定了仰韶文化在这一区域的存在。这些发现证明，仰韶文化遍及中国北方的东部地区，从河南中部向北到蒙古高原边界，从黄海到山西 – 陕西交界。

除了上述几个做了田野考察并收集了次新石器时代器物的地点之外，我还从这些地区的村民手里收购了上千件的石制品。这些磨制的石器是新石器时代无疑，但部分又与仰韶遗址的发现相同，我因此倾向于把这些制品，至少其中大多数归入仰韶文化。

除了我自己的研究发现外，我还从 S. Manchuria 和 E. Mongolia 哪里了解了 Torri 调查发现的大量标本，包括石制和骨制工具，及一些陶器。其中，石制品和骨制品与我们发现的一样，部分陶器我也很熟悉。有可能，Torri 发现的材料属于另一个族群，但是 Torri 调查的区域与我们调查的沙口村在地里位置上是重叠的，前者可能属于仰韶文化。Torri 有时将这些材料划归新石器时代，但有时又认为时向上与中国王朝的早期相当。其真正的时代归属还不明了。但我认为他的部分标本最有可能的归

属为仰韶文化。

上述发现表明，整个中国北方地区有大量次新石器时代的文化遗存，不仅与中国历史文化的早期阶段关系密切，与西方世界也有着千丝万缕的联系。有意思的是，与次新石器时代丰富的标本形成宣明对比的是更早期人类活动记录的缺失。我所发现的月桂叶形尖状器和船底形刮端器是仅有的 2 个且却又不确定的孤立事件，不足以作为旧石器时代人类活动的证据。目前我也没有找到一件可以毫无争议归入新石器时代早期的标本。

证明不存在该时期人类活动记录的证据也是非常不确定的。就目前情况而言，旧石器和新石器时代早期记录的缺失是值得注意的，尤其是我们的研究结论具有此导向。在我们考察的分布于吉林、山西、河南、山东和沈阳等地的几十个洞穴沉积中，只有一个（吉林沙口村）发现了次新石器时代的器物和一些当时生活的古人的标本；有几个洞穴发现有更新世哺乳动物的化石。但是，没有一个地点发现更早期的人类活动遗存。

1920 年 2 月，在中华医学会和中华博医会联合会议召开之前，著名的古人类学家 A. Hrdlicka 博士做了题为“亚洲人的人类学”的报告，其几乎准确的预测了我们在 1921 年和 1922 年的研究所遇到的情形。其报告相关内容如下：

“在南亚大部分地方早期人类和非常早的人类形态的出现，与东亚中部和北部早期人类记录的罕有或缺失形成了鲜明的对比，其原因只有一个，那就是存在可能因素阻碍了早期人类的迁徙扩散，使他们没能到达这一地区”。

报告几天之后，我很荣幸邀请他，以及 Davidson Black 博士到我家中交流。当时，我从一个地质学家的角度提请两位人类学家重视 A. Hrdlicka 博士提出的这一问题，并认为可以从我们得到的地质数据的角度给予解释。我指出，根据我们在黄土沉积中发现的哺乳动物，这一沉积发生的时间可能是中更新世时期，根据 Richthofen 的研究，可能是干旱草原环境。因此，中国北方的这一干旱环境在时间上与欧洲的旧石器时代早期人类处于同一时期。似乎值得考虑的假设是，中国北方在大部分更新世时期的草原荒漠环境阻止或延迟了早期人类迁徙进入这一地区的时间。

A. Hrdlicka 博士说到：他从来没有想到过这一解释，值得深入考虑。

有些令人意外的是，我后来读到了他 1922 年 7 月发表在《博医会报》解剖学增刊上面的演讲，以下讨论“阻止早期人类分布到东亚中－北部”的内容当时并没有出现在他的口头报告中：

“是否是由于气候，或者其他原因，还不能过早的下定论；但气候环境，比如在中国北方黄土覆盖区可能存在的半荒漠环境，应该是也将是首先考虑的因素。”

在谈话之后，A. Hrdlicka 博士将我的意见放在了他的稿件中却没有提到是谁提出的，这可能是由于不想在脚注中出现过多的内容，以免影响杂志的刊印。在 1921 年 11 月的一次私人通信中，他适当的表达了我的观点对于其文章的重要性。

我在与 Davidson Black 博士和 A. Hrdlicka 博士的谈话中提到的这一环境与人类迁徙活动关系的推论，随着我在最后两年间研究工作的不断推进也变得越来越明晰，尤其是广泛分布又相当进步的仰韶文化的出现。

仰韶遗址的另一个没在本文提到的特点是，在文化层沉积之后，又被深约 40 米的冲沟切蚀。这一现象在《中国远古之文化》一文中有全面的介绍。

因此，仰韶时期的先民是生活在尚未被冲沟切割的黄土平原，切割发生在 4000 到 5000 年前。这一结论是否对中国北方特征性的冲沟地貌研究具有概括性的理论指导意义是未来研究的内容。

正如在 Strthionidae 蛋壳化石的介绍中提及的，仰韶沉积中也有蛋壳碎片的发现。人们很容易通过这一发现推断，仰韶文化时期此处主要是黄土草原环境。但是，我也指出了另一可能性，即这些鸟蛋化石是仰韶时期的人类从黄土中发现并被埋藏到遗址中的。

仰韶时期的动物群似乎也有与现在开阔环境中不同的成员，尤其是多次发现的豪猪的下颌和牙齿。现在仰韶附近区域已经见不到此类动物。豪猪生活在扬子江的富水区域或更靠南方的地方。其在仰韶的发现指示当时该区域的环境比现在更加湿润。

仰韶文化层的灰烬土中发现了大量的木炭碎块，表明当时的村落周围有森林或灌木。此外，多次发现了鹿角（部分被加工成工具），甚至发现了完整的鹿的骨架。多次发现的龟甲和鱼骨碎块指示了当时周围有水体存在。

这些证据表明，很有可能在黄土草原环境结束后该区域发生了许多变化，这些变化使得次新石器时代的人类能够用磨制的石斧在河南平原中部的森林里砍木柴。

目前我们没有在中国北方找到旧石器时代或新石器时代早期文化存在的证据，而仰韶文化的发展和广泛分布与此形成了鲜明的对比。

然而，我仍然希望有一天，新的发现能够修订我和 A. Hrdlicka 博士的推论。本着这一觉悟，我结束这一章节并继续开始新的野外研究。

附　件

以上章节是每次完成野外考察后的工作记录，各部分完成的时间跨度较大。“南京火山群”部分在1920年1月完成。关于垣曲县始新世和蒙古的脊椎动物沉积及鸵鸟蛋壳的记述在1921年夏季完成。其他部分是1922年完成。

由于不间断的野外工作，部分章节的内容在出版时并没有根据工作进展做更新。最近对山东的调查工作证明，这一区域的早第三纪地层比先前我们认为的分布范围要广。地震探险队从甘肃带来的最新消息也显示了更广阔的地层调查前景。下面我会对这些新的信息做简要的概述。更多的细节请参阅谢家荣先生关于甘肃的地质调查文章，以及本人与谭先生关于山东蒙阴和莱芜的文章。这两篇文章都会在《中国地质调查通报》出版发表。

除了对晚始新世区域的描述，也有必要对较晚期的中生代地层做以说明，后者在山东和甘肃地区的分布就地质地层学而言与早第三纪地层沉积有密切关系。此外，这些新的研究揭示了如此多构造相关的问题，以至于为了便于理解我们描画了一些中国北方晚中生代和第三纪的一般沉积特点。

在1920年12月16日，中国北方发生了一次异常强烈的地震。在甘肃，周边区域的破坏很可怕。在一些地方，地形发生了根本性的变化。黄土沉积发生了大规模的滑坡，甚至将整个村庄都摧毁了。总共估计有15万人丧生。

在1921年春天，政府部门指派了任务要求考察受灾地区，另有中央地质调查所的翁文灏博士、王烈先生、谢家荣先生等人同行。翁博士和谢先生在甘肃地区的工作极大的增加了我们对这一区域一般地质情况的了解，尤其是中生代和早第三纪的地层。从谢先生关于甘肃红层的文章中我们了解到以下内容：

在甘肃省东部，西宁河和大通河的河谷，以及南山和北山西北部较远的地方，这些红层大部分都是倾斜的，只在局部有显著的褶皱。这套地层是Lozcy命名的Kweite组，其基于微薄的证据认为属于上新世时期。

在甘肃东南的平凉－庆阳一带（包括陕西省的相邻地区）发现了狼鳍鱼和其他鱼类的化石。这套地层的一部分显然是侏罗纪时期的。

在固原县，从红层中发现了灰岩层，其中有丰富的壳类和腹足类的鳃盖。本文前章节曾介绍了在山西垣曲县始新世地层发现有腹足类化石，此2处发现的化石据我的初步判断属于同一个种。当我后来去到山东考察时，这一点被进一步证实。山东的始新世地层中有非常多的化石，产自固原县的腹足类是这个层位的指示性化石。显然，在固原的红层剖面至少也有始新世的地层。从图40（谢先生绘制）可见，此处的始新世地层沉积有明显的褶皱。

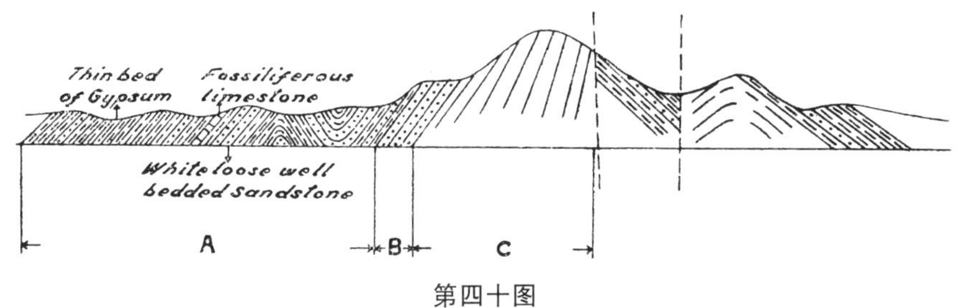

第四十图

谭先生和我在山东调查的具体情况详见我们合作的文章《山东地质：蒙阴和莱芜的峡谷》。我们调查结果主要如下：

1. 莱芜峡谷的最东北区域和蒙阴峡谷的中部，以及费县峡谷（谭先生此前曾做过调查）是3个不对称的地堑，出露一套统一向东北方向倾斜的沉积，层序如下：

a. 始新世沉积，非常厚，900米

b. 蒙阴系，白垩纪－侏罗纪，800米

c. 红色砂岩，可能是三叠纪，700米

d. 前石炭纪的煤系，250米

e. 奥陶纪灰岩，850米

f. 寒武纪地层，780米

g. 元古代灰岩，50米

h. 太古代地层，厚度未知

太古代之后的沉积地层总体厚度达4330米。

2. 这套沉积中最新的地层是我们在此地考察才得以确定的，即始新世和蒙阴系。

蒙阴系含有砂岩，灰绿色页岩，其中发现了恐龙的化石，相当完整的龟、鱼、淡水软体类、木化石和蕨类。这套地层显然是晚中生代的沉积，属侏罗纪或白垩纪。

蒙阴系与上部沉积没有发现不整合现象。上部沉积的地层岩性变化丰富，主要是红色砂岩和泥岩，中间夹的有砾石、砾岩和杂色的泥灰岩，以及不同类型的灰岩，有泥晶灰岩和纸状钙质页岩。这套地层中发现了淡水软体动物和可能是陆生软体动物的几个种，还有鳖的化石和蜥蜴的牙齿，以及哺乳类至少6个种的牙齿、下颌和独立的骨块。根据Zdansky博士的鉴定，哺乳动物有伪齿兽类、原始的始祖马、安琪马、渐新马、脊齿马和肉齿目（或原始的犬类）。

这套地层的时代显然是始新世。“固原”腹足类的发现表明，蒙阴县的这套地层与甘肃固原县和山西垣曲县的地层化石具有一定相关性。轮藻类的孢子在山东和垣曲县也都有发现。

3. 地堑边缘的断层有向下4000米的错动走滑，时代发生在始新世之后。

上述观察讨论的意义深远。在进一步得出结论之前，我们有必要对北京西山中生代地层历史做一个简单的介绍。伊先生在他的专著中对中生代地层介绍如下：

髫髻山系：页岩、砾岩（大多是斑岩鹅卵石）和斑岩熔岩床。有苏铁杉、长叶杉和尼尔森苏铁等植物化石，1500米厚。

不整合：地壳变动和侵蚀

九龙山系：灰色和紫色的页岩，砂石和砾岩，无化石，500－850米厚

门头沟煤系：灰色的砂岩和页岩，深色页岩中有苏铁杉（*Podozamites*）、篦羊齿、侧羽叶（*Pterophyllum*）、长叶杉（*Elatides cylindrica*）、南洋杉、拜拉裂银杏、*Czekanowskla rigida*、铁角蕨、枝脉蕨、伞序蕨等植物化石。

这些植物化石似乎表明整套地层是侏罗纪的。但另需要注意的是，从最上部的髫髻山系发现的植物化石比较小，对这套地层的时代尚不能下结论。

在北京西山，髫髻山系下部是不整合。在一些剖面可以看到下伏地层为九龙山系，在其他地方下伏为寒武纪的鲕粒灰岩，再或是前寒武的硅质灰岩。显然，在九龙山系地层形成之后及髫髻山系形成之前发生了相当程度的地壳运动和随后的风化侵蚀。髫髻山系的产状有轻微的倾斜，我们可以说它似乎将之前的构造运动形成的地形地貌抹去了。

正如前述（p. 99－101），在宣化县和张家口附近的砾岩和松散的砾石有轻微的倾斜或几乎是呈水平产状。在砾石中发现有疑似侧羽叶（*Pterophyllum*）和苏铁杉（*Podozamites*）的化石。这些砾石层主要包含斑岩质的鹅卵石；与下部岩层为不整合接触，下部岩层有侏罗纪的煤系（门头沟系）。

由此我们推测，吉林北部的大规模的地壳运动发生在中侏罗纪时期。这一时期也有大量的火山活动，在北京斋堂盆地的侏罗纪煤系和九龙山系有斑岩岩盖侵入，喷出的斑岩也在几处区域有发现。这里的髫髻山系砾岩中也有斑岩的鹅卵石。

说到中生代的火成岩，有必要提一下河南、山东和扬子江流域的闪长岩，因为带有扬子型的铁矿石而闻名，见于扬子江流域的大冶、山东的金陵镇和河南的洪山。这些闪长岩形成岩盘，主要分布于奥陶纪的灰岩（山东和河南）中。同时，古生代的煤系和可能属于三叠纪时期的红色砂岩也受到火成岩的影响。在山东期间，我和谭先生就侵入岩的问题对新泰市附近做了考察，在其始新世的地层中发现了闪长岩

质的鹅卵石，证明在始新世之前此区域有火山岩的侵入。有可能闪长岩这一中国北方和中部地质地层中的常见岩石，形成于中生代时期的地壳运动和火山活动。

从上述北京西山、宣化县和张家口附近的地层调查结果可以确定，吉林北部的主要地壳运动发生在侏罗纪时期，仅有的较为晚期的运动是发生在晚上新世或早更新世的较弱的翘曲运动，造成浑河峡谷及其支流对原有沉积的切蚀。这次运动如此微弱，以至于只能从区域地形学而不是地壳的角度观察到这一运动。

1921 年春，在绘制山西始新世地图时，我注意到有一个非常晚期的地壳运动。约 1000 米厚的始新世地层沉积在一个深的地堑里，两侧是元古代和古生代时期的岩石。断层发生在始新世之后，错动有 3000 米左右。

这以后，始新世的地堑可能是仅见于山西的局部地质现象，似乎并没有展开更广泛讨论的价值。但在与翁文灏博士讨论他关于地震的研究时，我意识到并指出：黄河两岸大的地堑断层从河南和山西交界到陕西西安都是在始新世之后形成的。这一观点目前还不能确定，但我认为只是时间问题，最终会被证实的。

无需多言，山东的地质调查印证了我们在山西的观察结果，意义重大。在山东，谭先生估计地堑错动大约有 4000 多米，都是始新世之后形成，这一断层线与山东的整个断块构造系统密切相关（我们有足够的理由相信所有这些断层发生时间都晚于始新世）。

此刻我们不妨将讨论的范围进一步扩展：中国北方有多少断层是发生在始新世之后的。吉林北部的有些断层时代要较早些，例如宣龙铁矿区域的大的断层。这个断层里错动的地层（可能包括侏罗纪的煤系）与上部的髫髻山系砾岩不整合接触。髫髻山砾岩有轻微的倾斜。很有可能，北京西山的大部分断层也属于侏罗纪时期的地壳运动。

另一方面，在距离北京城非常近的地方我们很有可能找到始新世的断层，在北京地下 100 到 200 米的地方也不是不可能有下沉的始新世地层。

乘坐过京汉铁路的地质学家应该都有见过长辛店车站院子里的剖面，此处距离北京城 30 里。这些醒目的且广泛分布的剖面有一套稍微倾斜的沉积：夹在红色和杂色泥岩中的砾石层。这套沉积与在河南发现的地层非常相似，我之前已经把他们划归为上新世。

然而，有一个无法忽视的矛盾是，长辛店的地层有倾斜，但其他地方的上新世地层没有被扰动的现象。在山东始新世的考察让我意识到，长辛店的地层可能不是上新世，最有可能是始新世。事实上，正如我们剖面显示的（图 41 和 42），北京附近地层和山东始新世的地层非常接近，都有轻微的倾斜。

礫石 Gravel
砂層 Sand
粘土 Clay
I
S30°W
N30°E
a
b
II
S30°W
N30°E
a
b
c
III
SW.
NE.
a
b
c
d

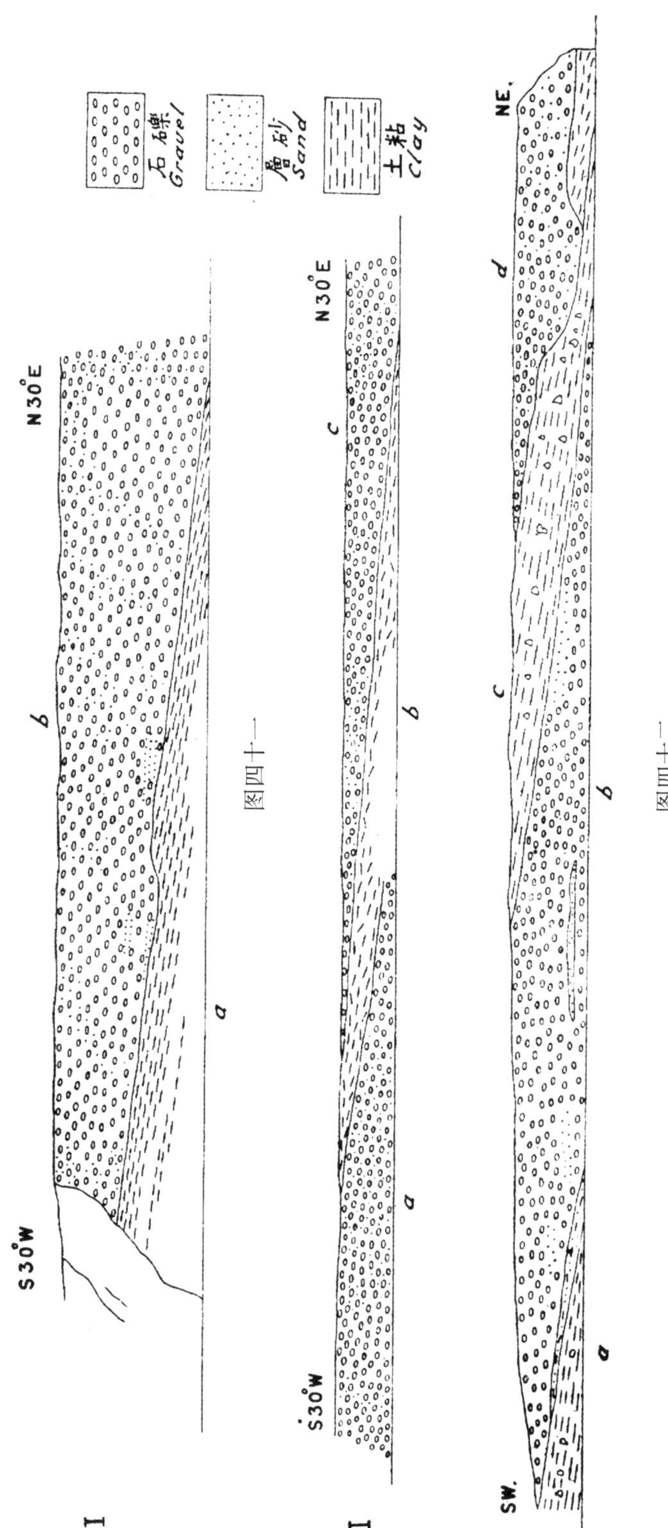

图四十一

图四十二

如果长辛店的地层是始新世，那就可能是始新世的红层，其下沉了100米深，在豫王府旧址的地表下能挖到。

如果关于长辛店始新世地层这一假设是正确的，那么北京平原必定是个下沉的区域，其形成源于始新世之后的大断层作用，断层沿着如今西山基部延伸。大断层的解释使我们很容易理解沿着断层线分布的温泉，例如唐山温泉。

这些推测需要以后更多的研究来验证。山西南部和山东的地层观察使我们至少仍能确定一点，即中国北方在始新世之后曾发生过大规模的块状断层运动。

翁文灏博士和谢家荣先生在甘肃所做的震调查是讨论地壳运动的最重要数据。他们证明广泛分布的红层代表了晚中生代和始新世的地层。晚中生代地层的鱼类在许多地点都有发现，在固原县的一个点我们也能证明有始新世地层。翁文灏博士和谢家荣先生观察的剖面显示，相当大规模的地壳运动曾经发生在晚中生代到始新世时期（图40）。甘肃中部作为中国主要的地震区域，同时也记录了地质时代较晚的一些地壳运动。

根据谭家荣先生的调查，在山东有一大片的区域我们尚未完全搞清楚：其中一套地层形成了延伸很宽的角度较小的向斜，包含有现在可以确定是始新世的地层。根据Inouye的研究，渐新世的煤层和沈阳抚顺含有植物的地层也经历了地壳运动，形成了褶皱。

这些在甘肃、山东和沈阳的调查使我们认为，始新世之后的地壳运动不仅表现为大规模的断层，也有局部的褶皱形成。

迄今为止，上述讨论只能证明这些地壳运动发生于始新世之后。不过，我们也有更好的方法来明确它们的时代，这有赖于分布在山西、河南、陕西和甘肃东部早上新世的三趾马动物群。

这些动物群发现于红色泥岩层，偶尔也见于几十米厚的红色砂岩层。这些地层在已知的地点都没有发生过扰动，也几乎没有能够察觉到的倾斜（地层的原始倾斜）。

在河南，水平的三趾马层上覆于强烈倾斜的前寒武或古生代的岩层上（图37）。

从三趾马层未被扰动这一情况看，后始新世的地壳运动发生在上新世之前。

三趾马地层的研究进一步揭示了一个重要的事实，即从早上新世开始的地层所沉积的地表地形在一些关键的地方与现在的地形相同。唯一大的地形变化就是，三趾马地层沉积之后被汾河和浑河这样的水系及其支流切蚀形成了交错的河谷沟壑。

这些三趾马地层的沉积和地貌特点进一步提供了更丰富的数据，使我们能够确定，中国北方一些大的地壳和地形地貌变化发生在渐新世到中新世时期。

有两个问题已经变得比较明了：

Fig. 1. Laurel-leaf point. Hsuan Hua Hsien, Chihli. Red. 2/3. (See page 134-136).
Fig. 2. Chipped flintlike stone, Wan Ch'üan Hsien Chihli, Nat. size. (See p. 136).

第一圖 直隸宣化所得桂葉式石劍
第二圖 直隸萬全所得擊鑿作成之燧石器

1. 地壳运动可能是从始新世开始的（“汶河”砾岩），局部延续到中新世（抚顺煤系），在渐新世时期活动强度最大。

2. 在渐新世地壳活动造成地块断层和局部褶皱之后，地形地貌在较弱的动力作用下再度发生变化，一直持续到中新世末期，形成了现在我们看到的宽广的地貌特征。很显然，侵蚀主要发生在中新世时期。

我们现在可以确定有两个重要的地球动力活动，一个是在侏罗纪时期，另一个是在渐新世时期。我们也注意到，在前一时期同时伴发剧烈而广泛的火山活动，以闪长岩岩盘，及侵入和喷出的斑岩为代表。

有意思的是，在渐新世构造运动时期也存在同样的火山活动。

在沈阳、察哈尔和山西北部，广泛存在玄武岩岩床与含植物的化石层互层，后者时代经植物化石鉴定为渐新世（抚顺），或可以笼统解释为第三纪中期（汉诺坝）。尚未证明但极有可能，分布于江苏、安徽、山东和吉林等大部分区域的玄武岩是同一时期的汇新。

玄武岩喷发和构造运动是渐新世时期地球动力活动的特点，而侏罗纪时期的特点为斑岩的侵入和喷出。在这片大地上，两个时期之间和之后的地壳内部活动比较稳定，地球表面的地形地貌的塑造主要来自地表的地质活动。

F.3694A

F.3694B